C.C.Buchner

Unterrichtswerk für Latein

Herausgegeben von
Clement Utz und Andrea Kammerer.

Prüfungen 1 wurde erarbeitet von
Reinhard Heydenreich und Sabine Rumpler.

Über weiteres fakultatives Begleitmaterial zu FELIX NEU informiert Sie
C.C.Buchner Verlag · Postfach 1269 · D 96003 Bamberg.

1. Auflage, 3. Druck 2016
Alle Drucke dieser Auflage sind, weil untereinander unverändert, nebeneinander benutzbar.

Dieses Werk folgt der reformierten Rechtschreibung und Zeichensetzung. Ausnahmen bilden Texte, bei denen künstlerische, philologische oder lizenzrechtliche Gründe einer Änderung entgegenstehen.

© C.C.Buchner Verlag, Bamberg 2010
Das Werk und seine Teile sind urheberrechtlich geschützt. Jede Nutzung in anderen als den gesetzlich zugelassenen Fällen bedarf der vorherigen schriftlichen Einwilligung des Verlages. Das gilt insbesondere auch für Vervielfältigungen, Übersetzungen und Mikroverfilmungen. Hinweis zu § 52 a UrhG: Weder das Werk noch seine Teile dürfen ohne eine solche Einwilligung eingescannt und in ein Netzwerk eingestellt werden. Dies gilt auch für Intranets von Schulen und sonstigen Bildungseinrichtungen.

www.ccbuchner.de

Layout und Satz: i.motion gmbh, Bamberg
Druck und Bindung: creo Druck & Medienservice GmbH, Bamberg

C.C.Buchner   ISBN 978-3-7661-**7575**-5

Vorwort

Repetitio est mater studiorum.
Wiederholung ist die Mutter aller Studien.

Denn: Übung macht den Meister.
Usus est magister optimus.

Und da noch kein Meister vom Himmel gefallen ist, empfiehlt dir FELIX eine möglichst sorgfältige Vorbereitung auf schriftliche Prüfungen. Wenn du alle Übungen im Textband und im Arbeitsheft von FELIX NEU erledigt hast, kannst du nun zur Vorbereitung auf Klassenarbeiten die 22 Texte des vorliegenden Heftes bearbeiten. Diese Texte umfassen – wie die Wiederholungslektionen – den Stoff mehrerer Lektionen. Der Stoffumfang ist vor jedem Text angegeben.

Die reinen Übersetzungsaufgaben, die eine Länge von ca. 60-80 Wörtern haben, solltest du innerhalb von 35-45 Minuten erledigen können.

Die zweigeteilten Aufgaben setzen sich aus einem etwas kürzeren Übersetzungstext und verschiedenen Übungen zur lateinischen Sprache, zur antiken Kultur und zum Grundwissen zusammen. Diese zweigeteilten Aufgaben sind etwas umfangreicher, sodass du dein Wissen an vielfältigen Vorbereitungsübungen trainieren kannst.

Ab Seite 46 findest du drei Kompetenztests, die sich auf die ersten 34 Lektionen von FELIX NEU beziehen.

Die Lösungen zu allen Aufgaben findest du im beiliegenden Lösungsheft.

Jetzt aber an die Arbeit. Teste deine Sicherheit.

1. Prüfungsaufgabe

A Auf dem Forum ist heute nichts los

Aulus gaudet; nam Decimus amicus et Cornelia amica tandem adsunt. „Accede, amice! Accede, amica! Accedite! Properate! Prope forum Romanum est."

Sed Decimus et Cornelia sedent et diu tacent. Quid vident, quid quaerunt? Itaque Aulus interrogat: „Quid vobis[1] non placet? Gaudete et ridete!"

Prope forum Romanum est. Ibi etiam curia est, sed senatores nondum adsunt.

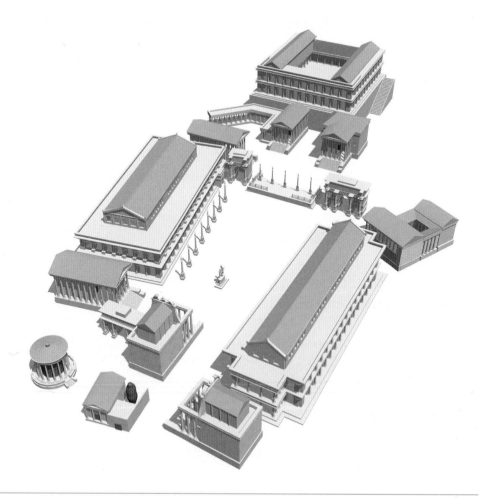

---

[1] vōbīs *euch*

Stoff: bis L 4 (zweigeteilt)

 Zusätzliche Aufgaben

1. Übersetze ins Lateinische. (8 BE)

   In der Nähe sind auch Markthallen, aber die Händler arbeiten noch nicht. Niemand arbeitet. In der Nähe ist auch ein Wirtshaus, aber das Tor steht nicht offen.

2. Bilde die entsprechenden Pluralformen. (6 BE)

   exspectat – ridet – domina – mercator – est – filius

3. Bilde zu den folgenden Verbformen die entsprechenden Imperativformen. (3 BE)

   spectat – accedunt – gaudent

4. Nenne lateinisch drei Gebäude, die auf dem Forum Romanum stehen. (3 BE)

5. Welche Straße führt(e) durch das Forum Romanum? (1 BE)

6. Welche lateinischen Wörter liegen folgenden deutschen Wörtern zugrunde? (3 BE)

   Pforte – Vokal – Sessel

Umfang: 54 lat. Wörter + 24 BE

2. Prüfungsaufgabe

Proteste gegen einen Senator

Marcus forum petit. Tandem etiam amici accedunt et Marcum amicum salutant.

Nunc templa, statuas, basilicas spectant.

Subito Marcus vocat: „Accedite, amici, et turbam spectate!"
Populus locum non iam dat.

Senatores curiam petunt. Portae iam patent.
Amici gaudent, nam prope senatores vident.

Calvisius senator stat et ridet. Servos dimittit. Itaque servi discedunt.
Cur senator nunc tacet? Populus senatorem ridet et clamat:
„Discede, senator!" Senator verba non iam sustinet. Denique curiam intrat.

Umfang: 70 lat. Wörter

Stoff: bis L 5 (reine Übersetzung)

 Wer hat den Dieb gesehen?

Mercatores iam laborant, senatores curiam petunt. Ibi aurifex[1] stat et clamat: „Accedite, Romani! Nam ornamenta intus iacent. Intrate, spectate, emite aurum et argentum!"

Tandem domini et dominae accedunt et aurifex[1] gaudet. Tum tabernam intrat. Subito tacet.

Cur tacet? Quid videt? Ornamenta non iam videt.

Statim aurifex[1] servos vocat: „Adeste, servi et servae! Ubi sunt ornamenta? Quaerite furem[2]!" Clamor dominos et dominas, servos et servas sollicitat. Sed nemo furem[2] videt.

Umfang: 69 lat. Wörter

[1] aurifex *Goldschmied* – [2] für, fürem *Dieb*

3. Prüfungsaufgabe

A „Meine Freundin verlässt mich!"

Et dominae et domini forum petunt. Dum mercatores equos retinent, servi frumentum portant.

Nunc basilicas et curiam spectant. Prope etiam monumenta et statuae sunt.

Sed subito servi locum dant; nam mercator accedit. Pecuniam, argentum, aurum portat.

Denique etiam ornamenta deponit et vocat: „Accedite, amici! Gaudete, amicae!

Spectate ornamenta! Fulvia amica me[1] dimittit. Me[1] non iam amat. Me[1] ridet."

B Zusätzliche Aufgaben

1. Übersetze ins Lateinische. (6 BE)

    a) Jetzt schreien die Kaufleute: „Kauft Getreide, Herren!"
    b) Dort betrachten Damen Schmuckstücke.

---

[1] mē *mich*

Stoff: bis L 5 (zweigeteilt)

2. Setze die folgenden Wörter sinnvoll in den Satz ein. (3 BE)

sustinent – mercatorem – domini

Sed etiam dominae et ? verba non iam ? et ? rident.

3. Kreuze die richtige Übersetzung des folgenden Satzes an. (2 BE)

Denique Manlium senatorem salutant et servos dimittunt.

- Schließlich grüßt Manlius den Senator und schickt die Sklaven weg.
- Schließlich grüßen die Sklaven den Senator Manlius und gehen auseinander.
- Schließlich grüßen sie den Senator Manlius und schicken die Sklaven weg.

4. Bilde die entsprechende Form im Akkusativ. (8 BE)

a) templa   c) domini   e) aurum   g) equus
b) pecunia   d) mercatores   f) filiae   h) senator

5. Nenne drei Kennzeichen der Senatoren. (3 BE)

Als äußeres Zeichen ihrer Würde trugen die Senatoren a) ? , b) ? , c) ?

6. Unterstreiche die jeweils richtige Antwort. (2 BE)

a) Die Versammlungen des Senats fanden meist statt in:

basilica – curia – atrium

b) Das Kolosseum ist ein: Amphitheater – Marktplatz – Theater

Umfang: 58 lat. Wörter + 24 BE

4. Prüfungsaufgabe

A Spurius – ein Dieb?

Marcus et Claudia cum amicis forum petunt. Ibi mercatores iam negotia agunt et vocant: „Accedite, dominae et domini! Spectate ornamenta!"

Marcus interrogat: „Ubi est Spurius? Quis servum videt?" Ecce! Subito clamor turbam sollicitat. Profecto Spurius e taberna ad basilicam properat.

Marcus Licinius Calvisius senator procul clamat: „Prohibete servum a basilica!" Statim populus locum dat et Licinius Calvisius Spurium servum ad basilicam comprehendit.

Stoff: bis L 6 (zweigeteilt)

 Zusätzliche Aufgaben

1. Übersetze ins Lateinische. (12 BE)

   a) Der Händler grüßt auf dem Marktplatz den Senator:
      „Sei gegrüßt, Herr! Kaufe Gold!"
   b) Der Herr verhandelt mit dem Händler über den Preis.

2. Setze alle Substantive in die entsprechende Pluralform. (6 BE)

   a) dominus
   b) mercatorem
   c) amicam
   d) in templo
   e) monumentum
   f) cum senatore

3. Nenne die grammatischen Fachbegriffe. (3 BE)

   a) Satzgegenstand
   b) Beifügung
   c) Satzaussage

4. Unterstreiche drei Hügel Roms. (3 BE)

   Kapitol – Tiber – Palatin – Aventin – Velabrum – Forum

Umfang: 62 lat. Wörter + 24 BE

5. Prüfungsaufgabe

A Beobachtungen rund ums Forum

Dum Claudia et Marcus mercatores, servos, equos spectant, subito Cornelius Rufus senator accedit. Claudia et Marcus senatorem salutant et locum dant, quia senator cum amicis e basilica ad curiam properat.

Populus autem clamat et senatorem verbis violat. Itaque senator curiam intrare non dubitat.
In curia senatores tacent et paulum exspectant.

Nam cum Cornelio Rufo senatore consilium habere debent.

Populus autem senatores neque verbis neque iniuriis violare debet.

B Zusätzliche Aufgaben

1. Füge die folgenden Präpositionen an den passenden Stellen ein. (6 BE)

   de – cum – e / ex – ad – in – a / ab

   Hic equi frumentum ? forum portant, ibi servi saccos (saccus *Sack*) ? foro domum portant. ? foro mercatores negotia agunt. Si domini pretia ? mercatoribus quaerunt, mercatores ? dominis ? pretiis agunt.

Stoff: bis L 8 (zweigeteilt)

2. Bilde zu den folgenden Nominativformen die entsprechenden Ablativ-
   formen. (6 BE)

   a) flammae   d) auxilium
   b) iniuria   e) umeri
   c) dona   f) labores

3. Unterstreiche die vier Verbformen, die inhaltlich und sprachlich zu
   Servi equos ... passen. (4 BE)

   Servi equos ...
   debent – tangunt – parent – retinent – sollicitant – quiescit – amant –
   deponunt

4. Bringe die folgenden Verbformen in die richtige Reihenfolge (1. Pers. Sg.
   usw.). (3 BE)

   petunt – estis – agis – voco – monet – paremus

5. Bilde die Infinitive. (2 BE)

   a) sumus
   b) dubito
   c) compono
   d) habetis

6. Ordne zu. (3 BE)

   Liktor   A   a hütet das Feuer im Tempel
   Vestalin   B   b berät über Staatsangelegenheiten
   Senator   C   c begleitet die Konsuln

Umfang: 67 lat. Wörter + 24 BE

13

6. Prüfungsaufgabe   Stoff: bis L 11 (reine Übersetzung)

Markus und Claudia sind spurlos verschwunden

Dominus a Xanthippo servo auxilium petit: „Xanthippe, descende ad forum, quaeso! Eme mullos[1] et vinum! Marcus et Claudia tecum ad forum descendunt.

Vasa portant. Flavus et Syrus servi hospitibus cibos parare debent. Hospites exspectamus; hospites cena delectamus."

Xanthippus servus ad forum descendit. Subito cessat et paulum exspectat. Nam Marcum et Claudiam quaerit. Ubi sunt?

Prope est basilica. Intus mercatores negotia agunt.
Statim Xanthippus Titum mercatorem salutat:
„Salve, Tite! Marcum et Claudiam quaero."
Titus: „Xanthippe, desine me sollicitare! Ego tibi non adsum.
Sed specta ornamenta! Aurum! Argentum!"

Xanthippus verba non sustinet, verba non iam audit.

Umfang: 94 lat. Wörter

[1] mullus *Rotbarbe*

7. Prüfungsaufgabe

A Wo sind Markus und Claudia?

Titus ad Velabrum¹ properat. Ibi mercatores cum dominis de pretiis agunt. Sed neque domini neque mercatores Xanthippo auxilium promittunt.

Dum Xanthippus ad forum piscatorium² descendit, amicis occurrit.

Veturius amicus tandem Xanthippum a timore liberat.
„Marcus et Claudia ad Tiberim³ sedent, ludunt, aquam spectant. Solem non iam sustinent. Nonne voces audis?"

Xanthippus gaudet: „Marce, Claudia! Venite! Statim domum properamus."

B Zusätzliche Aufgaben

1. Übersetze ins Lateinische. (5 BE)

   Die Herren geben den Händlern Geld, die Händler danken den Herren.

2. Ersetze die folgenden Verbformen durch die entsprechenden Formen von audire. (6 BE)

   a) desinunt   d) manes
   b) do   e) paremus
   c) promitte!   f) narratis

---

¹ Velābrum *Lebensmittelmarkt* – ² forum piscātōrium *Fischmarkt* – ³ ad Tiberim *am Tiber*

Stoff: bis L 11 (zweigeteilt)

3. Bilde zu den folgenden Nominativformen die entsprechenden Dativformen. (6 BE)

   a) vitium   c) comes   e) dei
   b) dea   d) sol   f) hospites

4. Setze alle Wörter in den Plural. (3 BE)

   Ego tibi ignosco, tu mihi non ignoscis.

5. Ordne zu. (4 BE)

   Subura   A   a Wirtshaus
   Kapitol   B   b Stadtviertel
   Atrium Vestae   C   c Hügel in Rom
   Taberna   D   d Wohnhaus für Priesterinnen

Die Tiberinsel in Rom.

Umfang: 58 lat. Wörter + 24 BE

8. Prüfungsaufgabe

Abwechslung auf dem Land

Quintus et Cynthia amici Titi senatoris sunt. Titus villam pulchram in montibus Albanis habet.

Si sol ardet, si clamor turbae Titum sollicitat, si Titus voces mercatorum non iam sustinet, cum liberis urbem relinquit et villam petit.
Ibi natura, aqua fontium, umbra arborum gaudere potest.
Titus non multa cupit, saepe contentus est.

In villa Titus etiam multos hospites cena bona delectare potest.
„Si bene cenare cupitis, mecum bene cenare potestis; si in silvis cum liberis ludere vultis, cum pueris puellisque in silvis ludere potestis."

Ibi etiam servi laborant. Servi multa munera suscipere debent, neque tamen dominum reprehendunt. Equos et boves curant, agros vastos colunt, frumentum ab agris ad villam portant.

Umfang: 108 lat. Wörter

Stoff: bis L 15 (reine Übersetzung)

Römischer Gutshof. Wandmalerei aus Trier, 3. Jh. n.Chr.

9. Prüfungsaufgabe

A Urlaubsgrüße zweier Mädchen

In pulchra villa rustica avi sumus; cum nonnullis amicis et cum liberis Titi senatoris ad fontem sedemus et aqua ludimus. Etiam equos arcessimus et curamus.

Magna vasa portamus et equis aquam damus. Boves quidem timemus. Boves in agros ducere non possumus.

Ut nunc scitis, nos hic contentae sumus … et vos? In Subura non modo clamorem et turbam mercatorum sustinere debetis, sed etiam varia negotia furum et multa pericula timere debetis.

B Zusätzliche Aufgaben

1. Übersetze ins Lateinische. (6 BE)

   Warum verlasst ihr die große Stadt nicht? Kommt zu uns in die schönen Berge, Freunde! Wir erwarten euch.

Stoff: bis L 15 (zweigeteilt)

2. Setze die in Klammer stehenden Substantive in den Genitiv. (3 BE)

   dona (senex / vir / liberi)

3. Bilde die entsprechenden Formen von posse, velle und cupere. (6 BE)

   a) agunt
   b) pergis

4. Weise jeder Form einen grammatischen Begriff zu. (6 BE)

oneris	A	a	Präposition
sine	B	b	Infinitiv
tange	C	c	Genitiv
verbis	D	d	Adjektiv
cupere	E	e	Imperativ
vastos	F	f	Ablativ

5. Ergänze die folgenden Beschreibungen. (3 BE)

   a) Von Rom nach Brundisium führte die ? .
   b) Minerva ist die Göttin der ? .
   c) Der Tempel des Iuppiter Optimus Maximus stand auf dem ? .

Umfang: 70 lat. Wörter + 24 BE

10. Prüfungsaufgabe

A Meine Kindheit auf dem Bauernhof

„Multos annos vitam contentam in villa rustica patris mei, avi vestri agebam.

Saepe aedificia pulchra spectabam, quae avus vester possidebat. Tum etiam multi servi in agris vastis laborabant.

Dominum, avum vestrum, qui saepe duras condiciones laboris iubebat, timebant.

Magna voce clamabat: ‚Ego servos, qui verbis meis et consiliis meis resistere volunt et qui iterum atque iterum villam rusticam relinquere volunt, vendere volo.'"

B Zusätzliche Aufgaben

1. Ergänze die folgenden Sätze durch die richtigen Formen des Relativpronomens. (3 BE)

   a) Servae, ? etiam multos labores suscipiebat, aderam.
   b) Haud raro cum pueris, ? in viis occurrebam, ludebam.
   c) Imprimis filio ministri probi, ? familia vitam miseram agebat, saepe auxilium meum promittebam.

2. Bilde die entsprechende Form im Präsens. (6 BE)

   a) veniebant   d) laudabam
   b) poteramus   e) colebatis
   c) volebas   f) debebamus

Stoff: bis L 17 (zweigeteilt)

3. Übersetze ins Lateinische. (8 BE)

Die Aufgaben der Sklaven waren vielfältig. Die einen bereiteten den Gästen Mahlzeiten vor, die anderen pflegten die Tiere und führten die Ochsen auf die Felder.

4. Kreuze die richtige Übersetzung des folgenden Satzes an. (2 BE)

Magnus clamor bovum, quos servus retinere non iam poterat, avum terrebat, quia causam clamoris ignorabat.

▨ Das laute Gebrüll der Ochsen, die der Sklave nicht mehr zurückhalten konnte, erschreckte den Großvater, der den Grund des Gebrülls nicht kannte.

▨ Das laute Gebrüll der Ochsen, die der Sklave nicht mehr zurückhalten konnte, erschreckte den Großvater, weil er den Grund des Gebrülls nicht kannte.

▨ Das laute Gebrüll des Ochsen, den der Sklave nicht mehr zurückhalten konnte, erschreckte den Großvater, weil er den Grund des Gebrülls nicht kannte.

5. Welche lateinischen Wörter liegen folgenden deutschen Wörtern zugrunde. (5 BE)

a) Indikativ   d) Prozess
b) kriminell   e) Fontäne
c) Fabrik

Umfang: 62 lat. Wörter + 24 BE

11. Prüfungsaufgabe

A **Eine Kleinstadt fürchtet den Angriff der Römer**

Nuntius accedit et de periculo narrat: „Nonne de periculis et de magna calamitate audivistis?

Milites Romani in nostra terra pulchra et sub caelo nostro bellum turpe gerunt, patriam nostram opprimunt; iam multa oppida et multos vicos incendio exstinxerunt et deleverunt.

Romani iam locum opportunum extra oppidum petiverunt.

Nunc paulum exspectant, tenebras exspectant; tum procedere volunt. Relinquite oppidum, effugite periculum et calamitatem!"

Stoff: bis L 19 (zweigeteilt)

B **Zusätzliche Aufgaben**

1. Bilde zu den folgenden Verben die 3. Pers. Pl. Perf. (6 BE)

   a) petere
   b) sentire
   c) delere
   d) iubere
   e) liberare
   f) regere

2. Gleiche die eingeklammerten Adjektive an die Substantive an. (6 BE)

   a) comitem (laetus – familiaris – tristis – miser)
   b) crimen (turpis – malus)

3. Ergänze passende Endungen. (9 BE)

   Nonnnulli autem clama ? : „Nuntios mal ? audivimus. Periculum
   cognovimus. Sed adhuc oppidum nostrum semper teximus et milit ?
   ali arum nation ? prohibuimus. Vos omnes homines fort ? estis.
   Itaque servate oppidum nostrum, resisti ? milit ? Romanis, prohibete
   Romanos ab oppid ? nostr ? !"

4. Füge die folgenden Teile zu sinnvollen Sentenzen zusammen. (3 BE)

Non omnia	A	a	ibi patria.
Videre nostra mala	B	b	non possumus.
Ubi bene	C	c	possumus omnes.

Umfang: 62 lat. Wörter + 24 BE

12. Prüfungsaufgabe Stoff: bis L 23 (reine Übersetzung)

Naturschönheit und Naturgewalt

Unus ex amicis meis epistula brevi, cuius verba tristia me adhuc movent et sollicitant, de mala calamitate narravit. Eius verba semper memoria tenebo:

„Scis, amice, calamitatem atram nos terruisse. Certe etiam audivisti cinerem et saxa omne oppidum texisse et delevisse. Constat magnum numerum hominum id periculum non recte existimare potuisse.

Alii contendunt viros, feminas, liberos ad litus cucurrisse, alii existimant eos sub tectis variorum aedificiorum et in templis salutem petivisse.

Certe ii omnes putaverunt se periculum vincere posse.
Neque tamen vitam suam servaverunt."

Umfang: 83 lat. Wörter

13. Prüfungsaufgabe   Stoff: bis L 23 (reine Übersetzung)

Die Hilfsbereitschaft eines Naturwissenschaftlers

Scimus cinerem et saxa nonnulla oppida pulchra texisse.
Audivimus tot viros nobiles magna calamitate de vita decessisse.

Plinius, vir doctus[1], in villa sua eam nubem atram super montem
Vesuvium aspexit. Unus e familia eius epistula praeclara narravit
Plinium ea signa nova naturae, quae omnem terram mutant,
primo e loco opportuno spectare voluisse.

Neque tamen is vir fortis dubitavit, sed statim nonnullos servos iussit
navem parare et (eam) ad amicos regere. Nam eos homines miseros e
periculo servare voluit. Constat Plinium periculum non effugisse.

Umfang: 83 lat. Wörter

[1] doctus, a, um *gebildet*

14. Prüfungsaufgabe

A Ganz nahe am Geschehen

Quiescebam. Subito clamorem et voces tristes audivi. E cubiculo[1] ad atrium[2] properavi. Ibi servae, quarum timorem sensi et vidi, mihi occurrerunt. Eae me oraverunt: „Ades nobis, domine! Serva nos e periculo! Vesuvius mons nos opprimit."

Magna voce servas, quae auxilium petebant, monui: „Relinquite villam, servae!"

Tum cum servis portam villae petivi. Sed ubique[3] magna et parva saxa iacebant. Denique autem ad portam villae pervenimus.
Dum eas per vicos et vias duco, multi homines nobiscum ad portas oppidi cucurrerunt.

B Zusätzliche Aufgaben

1. Ordne durch Linien die Ereignisse den Jahreszahlen zu. (4 BE)

   312 v. Chr.   Vesuvausbruch
   55 v. Chr.   Bau der Via Appia
   79 n. Chr.   Einweihung des Kolosseums in Rom unter
                              Kaiser Titus
   80 n. Chr.   Bau des ersten steinernen Theaters in
                              Rom im Auftrag von Pompejus

2. Setze alle Wörter in den Ablativ. (6 BE)

   a) id initium triste
   b) vestra verba tristia

---

[1] cubiculum *Schlafzimmer* – [2] ātrium *Atrium* – [3] ubīque *überall*

Stoff: bis L 23 (zweigeteilt)

3. Wähle aus den folgenden Wörtern die vier aus, die in einer konjugierten Form vorliegen, und die vier, die in einer deklinierten Form vorliegen. (4 BE)

   iuvi – iuveni – arma – foras – extra – nuper – decedam – decem – caedem – texi – tecti – tetigi

4. Ordne die folgenden Verben der jeweiligen Perfektbildung zu. (5 BE)

   facere – flere – iuvare – discere – mutare – timere – currere

   a) Reduplikationsperfekt
   b) v-Perfekt
   c) u-Perfekt
   d) s-Perfekt
   e) Dehnungsperfekt

5. Kreuze die drei falschen lateinischen Übersetzungen an. (3 BE)

   Die Freunde sagen, dass sie durch die Thermen gerannt sind.

   ▢ Amici dicunt sibi per thermas cucurrisse.
   ▢ Amici dicunt eam per thermas cucurrisse.
   ▢ Amici dicunt eas per thermas cucurrisse.
   ▢ Amici dicunt eum per thermas cucurrisse.
   ▢ Amici dicunt se per thermas cucurrisse.
   ▢ Amici dicunt eos per thermas cucurrise.

6. Beantworte folgenden Fragen mit jeweils einem Wort. (2 BE)

   a) Was passiert täglich im Okzident?
   b) Wie viele Millimeter hat ein Meter?

Umfang: 78 lat. Wörter + 24 BE

15. Prüfungsaufgabe

A Eine Naturkatastrophe und ihre Folgen

Hodie scimus Vesuvium montem et alios montes similes homines magnis periculis iterum atque iterum opprimere. Quia tum homines ea pericula ignorabant, multa oppida in eis regionibus aedificabant.

Subito autem magna calamitas villas pulchras cinere saxisque texit et homines miseros exstinxit. Cur autem Plinius in magno periculo fuit?

Primo nubem atram e loco opportuno spectare studuit;
deinde navem parare iussit, quia familiares auxilium petebant.

B Zusätzliche Aufgaben

1. Übersetze ins Lateinische. (10 BE)

   Einige sagen, dass Plinius ein tapferer und fröhlicher Mann gewesen ist. Aber alle wissen, dass das Unglück nicht nur schöne Städte ausgelöscht hat, sondern auch diesen berühmten Mann getötet hat.

[Variante zu Aufgabe 1]

1. a) Setze die folgenden Formen ins Perfekt. Nenne jeweils die Art der Perfektbildung. (6 BE)

   a) habemus   d) iubeo
   b) audiunt   e) tangimus
   c) sentis   f) reperiunt

   b) Mache die folgenden Sätze als AcI von den eingeklammerten Ausdrücken abhängig. (4 BE)

   a) Plinius in litore de vita decessit. (Pomponianus dixit)
   b) Nonnulli homines litus petiverunt. (Constat)

Stoff: bis L 23 (zweigeteilt)

2. Passe die eingeklammerten Adjektive an die Substantive an. (5 BE)

   a) verbis (turpis)
   b) (omnes) vina
   c) oppidorum (nobilis)
   d) ad oppida (nobilis)
   e) cum viro (tristis)

3. Beantworte knapp folgende Fragen. (3 BE)

   a) Plinius der Ältere war Kommandant einer Flotte und Wissenschaftler. Womit hat er sich wissenschaftlich beschäftigt?
   b) In welchem Jahr fand das im Übersetzungstext geschilderte Ereignis statt?
   c) Nenne zwei Orte, die bei dieser Naturkatastrophe verschüttet wurden.

4. Gib zu den folgenden Fremdwörtern die lateinischen Wörter an, von denen diese abgeleitet sind. (6 BE)

   a) ignorieren
   b) Vokal
   c) familiär
   d) trist
   e) Labor
   f) Kondition

Heutiger Blick von Pompeji auf den Vesuv.

Umfang: 63 lat. Wörter + 24 BE

16. Prüfungsaufgabe

A Die neue Hauptstadt der Welt

Dum Troiani quiescunt, Graeci a litore ad urbem Troiam accedebant.

Quamquam Graeci clamorem non faciebant, tamen milites Troiani voces novas audiverunt. Qui statim Aeneae, filio Anchisis, nuntiaverunt nonnullos Graecos ex equo descendisse et sociis portas urbis aperuisse.

Quia periculum magnum erat, Aeneas cum familia sua et cum nonnullis comitibus ex urbe, quam Graeci incendio delere temptabant, cucurrit.

Postquam Aeneas simulacro patris sui occurrit, eius verba audivit: „Tibi futura familiae tuae ostendam. Posteri gloriam nominis tui augebunt et urbem Romam condent. Quae urbs caput orbis terrarum erit."

B Zusätzliche Aufgaben

1. Ergänze das folgende Schema. (7 BE)

Perfekt	Präsens	Futur
rapuit		
		divident
	manes	
aperuisti		
	aedificant	
existimavimus		
		tanget

Stoff: bis L 25 (zweigeteilt)

2. Übersetze ins Lateinische. (6 BE)

Die Römer werden über viele Völker herrschen
und diese an Ruhm übertreffen.

3. Setze die folgenden Substantive in die entsprechende
Form des Singular bzw. Plural. (7 BE)

   a) urbis
   b) reges
   c) uxori
   d) caput
   e) equis
   f) montium
   g) virgines

4. Nenne zu folgenden englischen Vokabeln
die lateinischen Herkunftswörter. (4 BE)

   a) *peace*
   b) *glory*
   c) *art*
   d) *to collect*

Gianlorenzo Bernini (1598-1680):
Äneas trägt seinen Vater Anchises
aus dem brennenden Troja.
Florenz, Galleria degli Uffizi.

Umfang: 86 lat. Wörter + 24 BE

17. Prüfungsaufgabe

A Das Ende der Königsherrschaft

Audivistis Romanos primo reges habuisse. Per multos annos reges probi sine iniuria urbem pulchram regebant. Qui cum militibus fortibus pericula a finibus Romae prohibebant.

Tum autem reges iterum atque iterum regno superbo iram hominum sollicitabant.

Plebs misera imprimis crimina Tarquinii Superbi suscipere non iam voluit. Tum Brutus, vir acer, verbis duris iuvenes movere studebat:
„Patriam liberate! Imperium regis frangemus. In pace vivetis."

Statim Romani Tarquinium in vincula dederunt; postea eum dimiserunt.

B Zusätzliche Aufgaben

1. Sortiere die folgenden Verbformen in der vorgegebenen Reihenfolge. (3 BE)

    Präs. – Impf. – Fut. I – Perf. – Plusqpf. – Fut. II

    divisero – poterant – aluerat – contendes – movi – ostendis

2. Gleiche die eingeklammerten Adjektive an die Substantive an. (6 BE)

    a) verba (acer, felix, pauci)
    b) animal (celer, vehemens, pulcher)

3. Erstelle ein lateinisches Wortfeld (lateinisch und deutsch) zu den Familienmitgliedern. Vier Begriffe genügen. (4 BE)

Stoff: bis L 26 (zweigeteilt)

4. Weise den Wörtern den passenden grammatischen Begriff zu. (5 BE)

postquam	A	a	Reflexivpronomen
celer	B	b	Präposition
inter	C	c	Adverb
sibi	D	d	Adjektiv
falso	E	e	Subjunktion

5. Kreuze die richtige Übersetzung an. (6 BE)

a) Praedam divident.
   ▨ Sie werden die Beute teilen.
   ▨ Sie teilen die Beute.

b) Vitam contentam egit.
   ▨ Er führt ein zufriedenes Leben.
   ▨ Er führte ein zufriedenes Leben.

c) Urbem condidit.
   ▨ Er gründet die Stadt.
   ▨ Er hat die Stadt gegründet.

d) ... quamquam dolum aperuit.
   ▨ ... nachdem er die List aufgedeckt hatte.
   ▨ ... obwohl er die List aufgedeckt hat.

e) Navem repperit.
   ▨ Er findet das Schiff.
   ▨ Er hat ein Schiff gefunden.

f) Timorem sensit.
   ▨ Er fühlte die Angst.
   ▨ Er nimmt die Furcht wahr.

Umfang: 71 lat. Wörter + 24 BE

18. Prüfungsaufgabe

A Romulus und Remus, außergewöhnliche Zwillinge

Scitis Amulium saevum et acerbum Ream Silviam in vincula misisse. Rex potens enim per posteros finem regni timuit. Primo lupa filios Reae Silviae casu invenit, deinde Faustulus pastor[1], qui cum uxore vitam contentam agebat, fratres aluit.

Mox Romulus et Remus ceteros pastores virtute superaverunt. Quia omni periculo sine metu occurrebant, pastores adulescentibus fortibus libenter parebant.

Romulus acer eis promisit: „Magna vi manum hostium ab agro nostro prohibebimus. Bona nostra armis defendemus. Fures et sceleratos pellemus aut comprehendemus et in vincula dabimus."

Audivistis Romulum denique urbem Romam condidisse, quae postea multos annos orbem terrarum regebat.

B Zusätzliche Aufgaben

1. Füge die folgenden Verbformen sinnvoll in die Sätze ein. (6 BE)

   relinquemus – intraverunt – intravi – lusi – luserimus – ludimus

   a) Postquam thermas ? , cum amicis ? .
   b) Dum in thermis ? , senatores thermas ? .
   c) Si paulum ? , thermas ? .

---

[1] pastor, -ōris *m* Hirte

Stoff: bis L 27 (zweigeteilt)

2. Setze die eingeklammerten Substantive in die richtige Form. (6 BE)

   a) Clamor (vires) hostes terruit.
   b) Libenter (turris) antiquas spectamus.
   c) Liberi (vis) acri pugnaverunt.
   d) in (mare) altum
   e) inter (moenia) (urbs) pulchrae

3. Bilde den Genitiv zu: (6 BE)

   a) sensus   c) carmen   e) animal
   b) usus   d) caput   f) cursus

4. Vervollständige sinnvoll die folgenden Sätze. (5 BE)

   a) Der ? erschließt aus dem Vogelflug den Willen der Götter.
   b) Askanius, der Sohn des ?, gründete die Stadt Alba Longa.
   c) Die beiden Epen des griechischen Dichters Homer heißen ? und ?.
   d) Die Irrfahrten des Äneas beschrieb der römische Dichter ?.
   e) Apollo traf die Musen auf dem Berg ?.

Die Befragung des Orakels.
Griechische Trinkschale.
Um 440 v.Chr.
Berlin, Antikensammlung

Umfang: 94 lat. Wörter + 24 BE

19. Prüfungsaufgabe

Ein Mädchen beeindruckt den König

a
Titus Livius virtutem non solum iuvenum, sed etiam virginum laudat. In prima parte historiae¹ suae narrat Tarquinium regem superbum et crudelem impetus populi Romani effugere cupivisse.

Et Porsenna, rex Etruscorum², Tarquinio adesse contendit. Itaque vires suas ad moenia urbis Romae ducere et urbem cum militibus opprimere non dubitavit.

b
Romani autem hostes ab urbe prohibere temptabant. Iterum atque iterum iuvenes fortes gloriam urbis Romae virtute sua augebant. Denique Porsenna intellexit se urbem vincere non posse. Itaque nuntios Romam misit. Qui ad moenia accesserunt et dixerunt:

„Etrusci² vobis pacem dabunt, si obsides³ dederitis. Nisi magnum numerum virginum nobilium miseritis, milites nostri vos fame⁴ vincent. Non diu onera belli sustinebitis. Nam moenia urbis superabimus et urbem delebimus."

c
Romani non diu dubitaverunt: Multas virgines nobiles ad vires hostium miserunt. Inter quas erat Cloelia. Quae virgo ceteras virtute et animo nobili superabat. Cloelia statim intellexit Etruscos² se et alias virgines ad flumen Tiberim retinere.

Itaque nonnullas virgines et amicas media nocte ad Tiberim duxit. Quia custodes Etruscorum² consilium earum mox intellexerunt, Cloelia cum nonnullis virginibus statim Tiberim transnatare⁵ temptavit.

Umfang: 48, 66 und 60 lat. Wörter

¹ historia *Geschichtsschreibung* – ² Etrūscī, -ōrum *die Etrusker* – ³ obses, obsidis *m Geisel* – ⁴ famēs, famis *f Hunger* – ⁵ trānsnatāre *durchschwimmen*

Stoff: bis L 28 (reine Übersetzung)

d
Quamquam hostes eas virgines variis armis telisque prohibere temptabant, omnes ad moenia urbis pervenerunt. Constat Romanos laetos fuisse. Quae res animum Porsennae sollicitavit. Statim nuntios ad urbem misit, qui Romanos iusserunt Cloeliam dedere[1].

Et profecto Romani virginem probam et nobilem, quamquam eam magnis verbis laudaverant, Porsennae dediderunt[1]. Rex autem, quem virtus et Cloeliae et populi Romani moverunt, eam virginem ornamento donavit et (eam) liberavit.

John Leech (engl. Karikaturist): Cloelia und ihre Gefährtinnen fliehen aus dem etruskischen Lager. 1852. Pittsburgh, Carnegie Mellon University (Posner Center).

Umfang: 64 lat. Wörter

[1] dēdere, dedō, dēdidī *ausliefern*

20. Prüfungsaufgabe

A „Frauensache"

Im folgenden Text findest du zwei leuchtende Beispiele dafür, dass die antike Sagenwelt ohne die Frauen und deren Tatkraft – oft hervorgerufen von leidenschaftlichen Gefühlen – undenkbar wäre.

Quamquam Theseus, adulescens fortis, crudelitate Minotauri perterrebatur,
animum non demisit.
Ariadna enim animum eius confirmavit:
„Ab eo monstro[1] non occideris, sed ab Atheniensibus laudaberis."
Scimus Theseum profecto in labyrintho[2] clausum non esse,
sed labyrinthum auxilio Ariadnae reliquisse.
Certe etiam cognovistis Iunonem[3], uxorem summi[4] dei,
saepe lacrimas fudisse.
Nam a Iove iterum atque iterum aliae feminae amabantur.
Itaque dea animo tristi maritum interrogavit: „Cur semper a te violor?
Cur preces meae a te negleguntur?"

B Zusätzliche Aufgaben

1. Setze die folgenden Verbformen ins Passiv. (5 BE)

   a) clausisti   c) docent   e) circumdare
   b) relinquetis   d) conservamus

2. Bilde jeweils zu dem in Klammern stehenden Verb eine Form des Partizips, die sinnvoll in den Satz passt! (6 BE)

   a) Omnia animalia carmina Orphei (*audire*) ? ad eum accesserunt.
   b) Saepe Iuppiter puellas pulchras deo (*resistere*) ? rapiebat.
   c) Midas vinum in aurum (*mutare*) ? bibere non potuit.

---

[1] mōnstrum *Ungeheuer* – [2] labyrinthus *Labyrinth* – [3] Iūnōnem *Akk. zu Iūnō (Frau Jupiters)* – [4] summus, a, um *der oberste, der höchste*

Stoff: bis L 34 (zweigeteilt)

3. Finde die richtige Übersetzung und kreuze sie an. (4 BE)

a) Scimus homines carminibus Orphei delectatos esse.

▨ Wir kennen Menschen, die von den Liedern des Orpheus erfreut worden sind.

▨ Wir wissen, dass die Menschen von den Liedern des Orpheus erfreut worden sind.

▨ Wir wissen, dass die Menschen von den Liedern des Orpheus erfreut werden.

b) Homerus narravit Ulixem Graecos a Polyphemo servare.

▨ Homer erzählte, dass Odysseus die Griechen vor Polyphem rettete.

▨ Homer erzählte, dass die Griechen Odysseus vor Polyphem retteten.

▨ Homer erzählte, dass Odysseus die Griechen von Polyphem rettet.

4. Übertrage die kursivgedruckten Fremdwörter ins Deutsche, indem du auf das zugrunde liegende lateinische Wort und dessen Bedeutung verweist. (6 BE) (Beispiel: *Tendenz* → „Richtung" von lat. tendere: ausstrecken)

a) eine *desperate* Lage
b) Mönche leben in *Klausur*.
c) Du sollst *Respekt* vor den Worten der Eltern haben.

5. Erkläre einem Freund, der von den Römern und ihrer Kultur nur wenig weiß, um wen es sich bei folgenden Gestalten handelt. (3 BE)

a) Pluto
b) Daedalus
c) Minotaurus

Umfang: 73 lat. Wörter + 24 BE

21. Prüfungsaufgabe

A Apollo und Daphne

Als Apollo (lat. Phoebus) den Liebesgott Amor verspottet, rächt sich dieser auf seine Weise: Er schießt auf Apollo einen Pfeil, der bewirkt, dass er sich in die erste Frau, die er erblickt, verliebt. Daphne jedoch, die Tochter eines Flussgottes, trifft er mit einem Pfeil, der genau die gegenteilige Wirkung hervorruft: Sie flieht vor der Liebe. Die erste Frau, der Apollo begegnet, ist ... Daphne.

Phoebus, postquam puellam conspexit,
statim ingenti amore capitur.
Deus eam corripere properat, sed frustra sperat.
Nam vix Daphne virum accedere vidit,
cum in silvam currit.
Neque respicit neque Phoebo magna voce
clamanti aures dat.
Phoebus: „Resiste, quaeso, puella!
Ignoras me non mortalem, sed deum esse.
Si mihi nupseris, tibi vita dulcis
a me praebebitur.
Si me effugeris, doloribus occidar."
Daphne manus ad caelum tollit et orat:
„Pater, te me servare necesse est."
Et subito puella in arborem convertitur.

Gianlorenzo Bernini (1598-1680):
Apollo und Daphne. Rom, Villa Borghese.

B Zusätzliche Aufgaben

1. Setze die Verben in die entsprechenden Formen des Perfektstamms. (4 BE)

   a) respiciebant   c) laedimur
   b) decipis   d) movebitur

Stoff: bis L 34 (zweigeteilt)

2. Setze die fehlenden Verben in der Form ein, dass der lateinische Satz der deutschen Übersetzung entspricht. (5 BE)

a) Polyphemus ab Ulixe ? .
   Polyphem war von Odysseus getäuscht worden.
b) Ariadna: „Dolo meo ? .“
   Ariadne: „Du wirst durch meine List gerettet werden.“
c) Ab hominibus natura ? potest.
   Von den Menschen kann die Natur besiegt werden.
d) Vos omnes scitis Europam a Iove ? .
   Ihr alle wisst, dass Europa von Jupiter geraubt worden ist.

3. Forme die folgenden Sätze um, indem du die fettgedruckten Satzteile durch Partizipialkonstruktionen ersetzt. (6 BE)

a) Icarus Daedalo, **qui filium multis verbis monuit**, non paruit.
b) Filius patrem, **quamquam magna voce clamavit**, non audivit.
c) Puer, **quia vehementi laetitia captus erat**, ad caelum volavit.

4. Im Jahr 2003 stürzte die Raumfähre Discovery beim Eintritt in die Erd-atmosphäre ab. In Zeitungsberichten wurde das Unglück mit „Der Absturz des Icarus“ betitelt. Auf welches Ereignis in der Mythologie spielt die Überschrift an? Welcher gemeinsame Hintergrund ist erkennbar? (3 BE)

5. Zeige, welche Sagengestalten zusammengehören, und erläutere jeweils in einem Satz, worin ihre Verbindung besteht:

Ulixes, Orpheus, Anchises, Eurydike, Aeneas, Polyphem (6 BE)

Umfang: 78 lat. Wörter + 24 BE

22. Prüfungsaufgabe

Theseus und Ariadne

Du kennst Theseus, der den Minotaurus getötet hat und mit Ariadnes Faden dem Labyrinth entrinnen konnte. Doch die Geschichte geht noch weiter.

Theseus cum Ariadna, cuius auxilio conservatus erat, domum navigare voluit.
In parva insula quiescebant, cum Theseus somnio[1] perturbatus est.
Nam Bacchus ei apparuit[2] dixitque se Ariadnam in matrimonium ducere[3] parare.
Itaque adulescentem iussit puellam relinquere.
Postquam Ariadna sensit amicum abesse, perterrita ad litus properavit.
Ut navem eius in undis conspexit, lacrimas fundens clamavit:
„O me infelicem!
Ego a te relinquor, quae amore capta patrem decepi et tibi exitum labyrinthi[4] ostendi!
Cur me laedis? Respice, amice infide[5]!"
Sed ea verba a Theseo audita non sunt. Navem non vertit.
Mox autem Bacchus venit et animum puellae confirmavit.

---

[1] somnium *Traum* – [2] appārēre, appāreō *erscheinen* – [3] in mātrimōnium dūcere *heiraten* – [4] labyrinthus *Labyrinth* – [5] īnfīdus, a, um *treulos*

Stoff: bis L 34 (reine Übersetzung)

Theseus tötet den Minotaurus. Griechische Schale, 6. Jh. v.Chr. Oxford, Ashmolean Museum.

Umfang: 95 lat. Wörter

1. Kompetenztest

Claudia und Quintus besuchen in den Ferien ihre Nachbarstadt

Lies den folgenden Text genau durch und versuche, seinen Inhalt zu erfassen. Du brauchst ihn nicht schriftlich zu übersetzen.

Hodie Claudia et Quintus amicus Pompeios, oppidum pulchrum, petunt. Nam non solum vicos et tabernas, sed etiam nonnulla monumenta praeclara spectare cupiunt. Ibi autem aedificia et tabernas intrare non possunt, quia magna copia hominum eos prohibet.
Itaque liberi tristes ante (Präp. m. Akk. *vor*) tecta manent et propter (Präp. m. Akk. *wegen*) aestum solis in umbra sedent.
Claudia: „Hodie fortuna nos non iuvat. Aderuntne nobis dei?"
Quintus paulum cessat; subito ridet: „Nullus deus de caelo descendet. Ego autem virum fortem non ignoro, qui quondam multis hominibus auxilio venit. Tu quoque scis eum antiquis temporibus imperio Eurysthei regis duodecim labores perfecisse. Nonne memoria tenes omnes labores, quos perfecit?"
Claudia: „Certe; sed tu, amice, Eurystheus non es."

I. Bereich: Sprachliche und inhaltliche Texterfassung (20 BE)

1. Welche Überschrift passt am besten zum Text?
   Kreuze die entsprechende Überschrift an. (1 BE)

   ☐ Gespräch über den Ausflug nach Pompeji
   ☐ Enttäuschender Ausflug nach Pompeji
   ☐ Sonnenfinsternis in Pompeji
   ☐ Interessante Besichtigung von Pompeji

   BE

1. Kompetenztest

2. Kreuze zu jeder Frage die richtige Antwort an! (4 BE)

   a) Warum sind Claudia und Quintus nach Pompeji geeilt?
      ▢ Sie wollen Freunde besuchen.
      ▢ Sie wollen baden gehen.
      ▢ Sie wollen die Stadt besichtigen.
      ▢ Sie wollen einen Geschäftsfreund treffen.

   b) Wie ist das Wetter bei ihrem Besuch?
      ▢ Es regnet.
      ▢ Es ist heiß.
      ▢ Es ist kalt.

   c) Welches Problem haben sie?
      ▢ Sie haben kein Geld.
      ▢ Sie können viele Läden und Gebäude nicht betreten.
      ▢ Sie werden bestohlen.
      ▢ Sie sind zu jung und dürfen bestimmte Läden nicht betreten.

   d) Wie reagieren sie auf ihr Problem?
      ▢ Sie bitten um Hilfe.
      ▢ Sie besteigen den Vesuv.
      ▢ Sie verlassen Pompeji sofort.
      ▢ Sie denken, dass heute nicht ihr Glückstag ist.

      ▢ BE

3. Ist folgende Aussage richtig oder falsch oder nicht im Text enthalten? (4 BE)

	richtig	falsch	nicht im Text
a) Der vir fortis hat zwölf Arbeiten vollbracht.	▢	▢	▢
b) Quintus trägt eine neue Tunika.	▢	▢	▢
c) Claudia und Quintus sind Geschwister.	▢	▢	▢
d) Die Glücksgöttin hilft Quintus und Claudia.	▢	▢	▢

▢ BE

1. Kompetenztest

4. Gib vier Substantive aus dem Text an, die Bauwerke bezeichnen. (2 BE)

_____ – _____ – _____ –

_____   ▨ BE

5. Nenne aus dem Text ein Relativpronomen und bestimme es nach Kasus, Numerus und Genus. (2 BE)

_____   ▨ BE

6. Suche aus dem Text je ein Verbum zu den folgenden Konjugationsklassen und gib es im Infinitiv Präsens an. (3 BE)

i-Konjugation	e-Konjugation	kons. Konjugation

▨ BE

7. Kreuze die richtige Übersetzung an. (1 BE)

Certe scis virum fortem multos labores perfecisse.
▨ Sicherlich weißt du, dass ein tapferer Mann viele Arbeiten vollbracht hat.
▨ Sicherlich weißt du, dass ein tapferer Mann viele Arbeiten vollbringt.
▨ Sicherlich weißt du, dass ein Mann viele tapfere Arbeiten vollbracht hat.

▨ BE

8. Wähle die eleganteste Übersetzung aus. (1 BE)

Non omnes labores memoria teneo.
▨ Ich halte nicht alle Arbeiten in der Erinnerung.
▨ Ich halte nicht alle Arbeiten mit dem Gedächtnis fest.
▨ Ich kann mich nicht an alle Arbeiten erinnern.   ▨ BE

1. Kompetenztest

9. Übersetze die folgenden Ausdrücke aus dem Lesetext. (2 BE)

copia hominum _____

aestus solis _____

⬜ BE

II. **Bereich: Sprachliche und grammatische Einzelbausteine** (15 BE)

10. „Wer die Macht hat, erteilt die Befehle!", denkt sich König Eurystheus, der Herr des Herkules. Setze aus den angegebenen lateinischen Verben drei ein, die den Satz in diesem Sinn vervollständigen. (3 BE)

regit – sollicitat – manet – mandat – mittit – iuvat – iubet – imperat – ignorat - discit

„Qui potens est,

⬜ !"

⬜ !"

⬜ !"

⬜ BE

11. Ordne den vier lateinischen Wörtern den jeweils richtigen Fachbegriff zu. (4 BE)

Ablativ – Imperfekt – Infinitiv – Plusquamperfekt

ulnere _____

volvere _____

volabat _____

venerat _____

⬜ BE

1. Kompetenztest

12. Bilde zu den folgenden Verben je ein verwandtes lateinisches Substantiv im Nominativ Singular. (3 BE)

    a) timere _____

    b) regere _____

    c) sentire _____

    ░░░░░ BE

13. Ergänze in diesem Satz die fehlenden Endungen. (3 BE)

    Scimus multos homin_____ temporibus antiqu_____

    Pompeios petiv_____.

    ░░░░░ BE

14. Woher kommt das jeweilige Fremdwort (fettgedruckt)?
    Gib das lateinische Ursprungswort an. (2 BE)

    Claudia und Quintus besuchen auf dem Rückweg Claudias Onkel. Zu seinem Haus hoch oben auf einem Hügel führen viele **Serpentinen**. Bei ihrer Ankunft haben sie einen gewaltigen **Appetit**.

    _____   _____

    ░░░░░ BE

1. Kompetenztest

III. **Bereich: Antike Kultur und ihr Fortwirken** (10 BE)

15. Quintus kennt sich auch in Rom gut aus und erklärt Claudia vier Gebäude der Hauptstadt. Bist du so gut wie Quintus? Ordne jedem der folgenden Bauwerke des antiken Rom seine jeweilige Funktion zu, z.B. E 7. (4 BE)

Circus Maximus	A	1	Volksversammlungen
		2	Senatssitzungen
Kolosseum	B	3	Wagenrennen
Kurie	C	4	Gerichtsverhandlungen
Basilika	D	5	Theateraufführungen
		6	Gladiatorenkämpfe

▢ BE

16. Quintus und Claudia locken weitere Reiseziele. In welche Länder müsstest du heute reisen, um die folgenden Orte zu besichtigen? (2 BE)

a) Delphi _____

b) Troia _____

c) Neapel _____

d) Olympia _____

▢ BE

17. Auch Herkules war viel auf „Reisen". Welche zwei der folgenden Tiere musste er dabei besiegen? (2 BE)

Tiger – Schlange – Krokodil – Wolf – Löwe – Bär

_____

▢ BE

1. Kompetenztest

18. Am Ende seines Lebens wird Herkules in die Reihen der Götter aufge-
    nommen. Wegen ihrer Kennzeichen sind sie ihm alle bekannt. Dir auch?
    Weise das jeweils richtige Kennzeichen den Gottheiten zu, z.B. E 7. (2 BE)

			1	Bücher
Iuppiter	A		2	Bogen
Diana	B		3	Dreizack
Bacchus	C		4	Hammer
Neptunus	D		5	Blitz
			6	Wein

  BE

I.	Bereich:	BE
II.	Bereich:	BE
III.	Bereich:	BE

Gesamt: BE

2. Kompetenztest

Herkules und Antäus

Lies den folgenden Text genau durch und versuche, seinen Inhalt zu erfassen.
Du brauchst ihn nicht schriftlich zu übersetzen.

Hercules quondam media in via Antaeum, virum ingentem et crudelem, vidit.
Qui ad Herculem accessit et iram eius verbis superbis incendit:
„Sta, hospes! Viam tibi non dabo: Immo te nunc comprehendam.
Nam me iuvat omnem hospitem opprimere."
Et profecto Herculem impetu acri temptavit.
Hercules autem, qui iam multa pericula susceperat, statim intellexit se
Antaeum non vi corporis, sed mentis superare debere.
Quondam enim audiverat matrem Antaei scelerati Terram deam esse.
Itaque nemo Antaeum superare poterat, dum is pedibus terram tangebat.
Tum Hercules clamavit: „Quid vis, acerbe? Tu quidem me a via pellere
non poteris!"
Postquam caput umerumque Antaei cepit, eum manibus suis a Terra matre
divisit.
Quo dolo Hercules Antaeum vicit.

I. Bereich: Sprachliche und inhaltliche Texterfassung (20 BE)

1. Kreuze zu jeder Frage die richtige Antwort an. (3 BE)

   a) Welche Drohung spricht Antäus aus?
   - Er werde jeden Fremden an den Füßen packen.
   - Er werde jeden Fremden packen und zu Boden werfen.
   - Er werde jedem Fremden die Kräfte rauben.
   - Er werde jeden Fremden mit heftigen Schlägen töten.
   - Er werde jeden Fremden in der Erde vergraben.

   BE

2. Kompetenztest

b) Wo packt Herkules den Antäus im Kampf?
- [ ] an Händen und Füßen
- [ ] an Kopf und Schulter
- [ ] am Hals
- [ ] an Kopf und Füßen
- [ ] an den Ohren

c) Welche Rolle spielt die Erde in der Geschichte?
- [ ] Sie macht Antäus unbesiegbar.
- [ ] Sie entzieht Antäus Kräfte.
- [ ] Sie flüstert Antäus die passenden Worte zu.
- [ ] Sie verschlingt Antäus.
- [ ] Sie vernichtet die Gegner des Antäus.

BE

2. Kreuze die zwei richtigen Antworten an. (2 BE)

Wie reagiert Herkules auf die Bedrohung durch den unerwarteten Fremden?
- [ ] Herkules stellt sich an den Rand des Weges.
- [ ] Herkules überlegt, was er über den Fremden alles weiß.
- [ ] Herkules betet zu seinem göttlichen Vater.
- [ ] Herkules wendet eine List an.
- [ ] Herkules drückt den Fremden zu Boden.

BE

3. Ist folgende Aussage richtig oder falsch oder nicht im Text enthalten? Kreuze an. (2 BE)

	richtig	falsch	nicht im Text
a) Antäus bereitet es Vergnügen, Fremde anzugreifen.	[ ]	[ ]	[ ]
b) Herkules legt sein Löwenfell ab.	[ ]	[ ]	[ ]
c) Herkules schiebt Antäus aus dem Weg.	[ ]	[ ]	[ ]
d) Herkules hebt Antäus in die Höhe.	[ ]	[ ]	[ ]

BE

2. Kompetenztest

4. Welche Übersetzung ist korrekt?
   Kreuze die richtige Füllung für die Lücken an. (1 BE)

   Ihr habt neulich gehört, dass Herkules viele schwierige Aufgaben vollendet hat.

   Nuper audivistis

   _____   _____ res   _____   _____

a)	Herculem	multae	difficiles	perfecisse	▨
b)	Herculem	multas	difficiles	perfecisse	▨
c)	Hercules	multas	difficilis	perfecisse	▨

   _____ BE

5. Ergänze im folgenden Satz die fehlenden Endungen. (3 BE)

   Hercules etiam in periculis ingent_____ fort_____ fu_____.

   _____ BE

6. Gib vier Adjektive aus dem Text an, die negative Eigenschaften
   bezeichnen können. Nenne sie im Nominativ Singular Maskulinum. (2 BE)

   _____ – _____

   _____ – _____

   _____ BE

7. Bestimme jeweils die Wortart der folgenden Wörter aus dem Text. (3 BE)

   a) postquam _____   c) a _____

   b) tatim _____

   _____ BE

2. Kompetenztest

8. Suche aus dem Text je ein Verbum zu den folgenden Konjugationsklassen. Gib es im Infinitiv Präsens an. (2 BE)

a) i-Konjugation: _____

b) a-Konjugation: _____

c) e-Konjugation: _____

d) kons. Konjugation: _____

BE

9. Übersetze die folgenden Ausdrücke aus dem Text jeweils mit einem deutschen Substantiv. (2 BE)

a) vis corporis _____

b) vir ingens _____

BE

II. **Bereich: Sprachliche und grammatische Einzelbausteine** (15 BE)

10. Welche der folgenden Wörter sind Verben? Schreibe sie heraus. (2 BE)

turri – vi – ego – egi – dedi – acri – arti – alii – tibi – risi – nisi – laeti – lusi

a) _____

b) _____

c) _____

d) _____

BE

2. Kompetenztest

11. Nenne den Infinitiv Präsens zu folgenden Verbformen aus dem Text. (2 BE)

    a) vis _____   b) divisit _____

                                                      BE

12. Trage die jeweils entsprechende Form von is, ea, id ein. (2 BE)

    a) eorum – eum – earum – eius: _____ puerum

    b) eius – ei – eae – eo: _____ urbi

                                                      BE

13. Welche vier Verbformen können Präsens- und Perfektform zugleich sein? Kreuze an. (2 BE)

    ☐ invenimus   ☐ volumus
    ☐ abduxistis   ☐ defendimus
    ☐ contendit   ☐ viderunt
    ☐ concedit   ☐ occidit

                                                      BE

14. Ordne den vier lateinischen Wörtern den jeweils passenden Fachbegriff zu. (2 BE)

    Dativ – Infinitiv – Perfekt – Neutrum

    a) munere _____

    b) manere _____

    c) vultui _____

    d) volui _____

                                                      BE

2. Kompetenztest

15. Erschließe die deutsche Bedeutung der folgenden Komposita. (2 BE)

   a) re-mittere _____

   b) con-ducere _____

   ▨ BE

16. Welche Wendung bedeutet dasselbe, nur mit anderen Worten?
    Kreuze an. (1 BE)

    Hercules semper laborat.

    ▨ numquam contendit   ▨ haud raro ludit
    ▨ numquam quiescit   ▨ nondum studet

    ▨ BE

17. Woher kommt das jeweilige Fremdwort (fettgedruckt)?
    Gib das lateinische Ursprungswort in seiner Grundform
    (Nominativ Singular bzw. Infinitiv Präsens) an. (2 BE)

    a) Beim Fußball erlitt mein Bruder eine Zehen**fraktur**.

    _____

    b) Das Schiebedach lässt sich auch **manuell** öffnen.

    _____

    ▨ BE

III. **Bereich: Antike Kultur und ihr Fortwirken** (10 BE)

18. Welche beiden Bauwerke stehen auf dem Forum Romanum?
    Kreuze an. (2 BE)

    ▨ Kurie   ▨ Vestatempel
    ▨ Kolosseum   ▨ Circus Maximus

    ▨ BE

2. Kompetenztest

19. Wie nannten die Römer die folgenden griechischen Gottheiten?
Gib ihre lateinischen Namen an. (2 BE)

a) Zeus _____

b) Hera _____

c) Athene _____

d) Poseidon _____

BE

20. Welche Person und welcher Ort gehören zur Äneas-Sage? Kreuze an. (1 BE)

Person
Tarquinius Superbus
Diana
Anchises
Pythia

Ort
Athen
Delphi
Kaukasus
Troja

BE

21. Ergänze den folgenden Text. (2 BE)

_____ wurde auch als Gott der Künste betrachtet und

oft mit seiner Leier und als Anführer der _____ beim

Gesang auf dem Berg Parnass oder im Kreis der Götter dargestellt.

BE

2. Kompetenztest

22. Welche Person verbindest du mit den folgenden Abbildungen?
    Ordne zu (z.B. D 9). (3 BE)

    A   B   C

1	Brutus	2	Eurystheus
3	Hermes	4	Odysseus
5	Plinius	6	Augur
7	Romulus	8	Vesta

A _____

B _____

C _____

                                                                    BE

I.   Bereich: BE
II. Bereich: BE
III. Bereich: BE

Gesamt: BE

3. Kompetenztest

Antonia und Publius in Gefahr

Lies den folgenden Text genau durch und versuche, seinen Inhalt zu erfassen. Du brauchst ihn nicht schriftlich zu übersetzen.

Antonia und Publius haben einen Tag ohne ihre Eltern verbracht. Doch kaum sind sie einmal nur mit ihrem Sklaven Nicomachus unterwegs, wird es auch schon gefährlich:

Postquam Antonia et Publius in litore maris naves classis Romanae spectaverunt, cum servo Romam contenderunt. Vesper iam aderat, sed ad urbem nondum pervenerant.
Dum per silvam atram currunt, nonnulli fures, qui eos inter arbores occulte exspectaverant, subito e tenebris processerunt. Non solum pecuniam rapere voluerunt, sed etiam Publium, filium senatoris nobilis, vi abducere temptaverunt.
Statim Nicomachus servus sensit se puero auxilio venire debere: sine metu eum e manibus furum rapuit. Qui profecto sine praeda effugerunt.
Liberi quidem Nicomachum, quia cognoverunt sceleratos eum vulnere vehementi affecisse, statim domum duxerunt. Ibi senator servo forti magnas gratias egit.

I. Bereich: Sprachliche und inhaltliche Texterfassung (20 BE)

1. Kreuze zu jeder Frage die richtige Antwort an. (3 BE)

    a) Was haben Antonia und Publius tagsüber getan?
    - ▪ Sie waren im Meer schwimmen.
    - ▪ Sie haben einen Klassenausflug an die Küste unternommen.
    - ▪ Sie haben sich Schiffe angeschaut.
    - ▪ Sie haben einen Sklaven in Rom besucht.

3. Kompetenztest

    b) Warum wird die kleine Reisegruppe überfallen?

           Antonia soll entführt werden.

           Diebe haben es auf das Geld und auf Publius abgesehen.

           Freunde wollen die beiden Kinder im Wald erschrecken.

           Sklaven wollen sich an Nicomachus wegen eines alten Streites rächen.

    c) Wie endet der Überfall?

           Ein berühmter Senator wird verletzt.

           Der Verbrecher rauben das Geld von Antonia und Publius und entkommen damit.

           Die Diebe rennen weg, ohne Beute gemacht zu haben.

           Antonia kann entkommen und Hilfe holen.

                                                      BE

2. Wähle die drei Stichpunkte aus, die Ereignisse aus dem Text richtig wiedergeben. Kreuze an. (3 BE)

    a) Heimweg in der Dämmerung

    b) Im Wald verlaufen!

    c) Die feige Reaktion eines Sklaven

    d) Die Verwundung des Publius

    e) Misslungene Kindesentführung

    f) Dank für treues Verhalten

                                                           BE

3. Ergänze die folgenden Übersetzungen. (4 BE)

    a) Liberi cum servo Romam contenderunt.
       Die Kinder ? mit dem Sklaven ? Rom.

    b) Fures puerum vi abducere temptant.
       Die Diebe ? den Knaben ? zu verschleppen.

                                                           BE

3. Kompetenztest

4. Übersetze die folgenden lateinischen Wendungen aus dem Text mit jeweils *einem* deutschen Verb (z.B. veniam dare → verzeihen). (3 BE)

   a) auxilio venire   _____

   b) vulnere afficere   _____

   c) gratias agere   _____

           BE

5. Schreibe aus dem Text vier lateinische Wörter oder Wendungen heraus, die eine Orts- bzw. Richtungsangabe ausdrücken. (2 BE)

   a) _____   c) _____

   b) _____   d) _____

           BE

6. In den Zeilen 8 und 10-11 des Textes findest du zwei Konstruktionen im AcI. Schreibe aus diesen beiden Sätzen jeweils die lateinische Verbform heraus, von welcher der AcI abhängt. (2 BE)

   a) _____   b) _____

           BE

7. Bestimme jeweils die Wortart der folgenden Wörter aus dem Text. (3 BE)

   a) dum _____   c) forti _____

   b) sine _____

           BE

3. Kompetenztest

II. **Bereich: Sprachliche und grammatische Einzelbausteine** (15 BE)

8. Drei der folgenden Wörter sind Substantive. Schreibe sie heraus. (3 BE)

sollicito – subito – maria – felicia – occulte – occurris – vulneris – auxilio – audio

a) _____ b) _____ c) _____

BE

9. In einem lateinisch-deutschen Lexikon findest du häufig die Verben in der 1. Pers. Sg. Präs., z. B. amo. Gib also die 1. Pers. Sg. Präs. zu folgenden Verbformen an. (2 BE)

a) aderas _____ b) dederamus _____

BE

10. Ergänze die Relativsätze durch das jeweils passende Relativpronomen. (2 BE)

a) Senator Nicomachum, ? liberos servavit, multis verbis laudat.
(quem | quos | qui)

b) Senator Nicomachum servum, ? magnas gratias agit, mox liberabit.
(cuius | cui | quas)

BE

11. Gib zu den folgenden Substantiven je ein verwandtes lateinisches Verb im Inf. Präs. an (z.B. amor → amare). (2 BE)

a) cursus → _____

b) victoria → _____

BE

3. Kompetenztest

12. Ordne den vier lateinischen Wörtern den jeweils passenden Fachbegriff zu. (2 BE)

    Imperativ – Ablativ – Neutrum – Infinitiv

    a) actione   _____

    b) ardere   _____

    c) accede   _____

    d) acre   _____

    BE

13. Welche Wendung bedeutet dasselbe, nur mit anderen Worten? Kreuze an. (1 BE)

    Romani diu **orbem terrarum regebant.**

    a) regnum orbis terrarum appetebant.
    b) domini omnium nationum erant.
    c) reges multarum nationum opprimebant.

    BE

14. Bestimme die Tempora der Verbformen, indem du das jeweils richtige Tempus unterstreichst. (3 BE)

    a) cupietis   Präs. – Impf. – Fut. I – Perf. – Plusqpf. – Fut. II
    b) aperitis   Präs. – Impf. – Fut. I – Perf. – Plusqpf. – Fut. II
    c) veneratis   Präs. – Impf. – Fut. I – Perf. – Plusqpf. – Fut. II

    BE

3. Kompetenztest

III. Bereich: Antike Kultur und ihr Fortwirken (10 BE)

15. In den Ferien besuchst du mit deinen Eltern Rom. An der Touristeninformation erhältst du den abgebildeten Stadtplan. Du willst deinen Eltern auf diesem Plan zeigen, wo das Kolosseum und der Circus Maximus liegen. Gib die Nummern der Gebäude an. (2 BE)

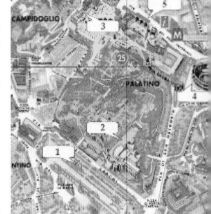

a) Kolosseum

b) Circus Maximus

BE

16. Im Mozart-Jahr 2006 fand man auf einem Konzert-Plakat die Titel mehrerer Stücke des großen Komponisten. Zu hören waren die *Jupiter-Symphonie* und Ausschnitte aus der Oper *Apollo et Hyacinthus*. Wer waren diese beiden Gottheiten? Ordne zu (z.B. D 9). (2 BE)

1 Gott des Feuers
2 Götterbote
3 Gott der Künste

A   : Jupiter
B   : Apollo

4 Göttervater
5 Gott des Meeres
6 Gott des Krieges

BE

17. Nach dem Kinoerfolg *Troja* sollen zwei weitere spektakuläre Sagenstoffe der Antike verfilmt werden. Welchen Untertitel muss der jeweilige Film bekommen? Kreuze an. (2 BE)

a) Herkules
   - Ein Menschenfreund in Ketten
   - Keine Aufgabe war ihm zu schwer
   - Verdienter Lohn für ein Wunder

3. Kompetenztest

b) Die Gründung Roms

▨ Ein Orakelspruch aus Delphi

▨ Die List des Remus

▨ Zwölf Geier für Romulus

▨ BE

18. Woher kommt das jeweilige Fremdwort (fettgedruckt)? Gib das lateini-sche Ursprungswort in seiner Grundform (Nom. Sg. bzw. Inf. Präs.) an. (3 BE)

„Aufgrund ihrer **intelligenten** Spielweise und ihrer hervorragenden **Defensive** erreichte die Mannschaft das **Finale** der Fußball-Weltmeisterschaft."

a) _____   b) _____

c) _____

▨ BE

19. Für welche Situation passt die lateinische Sentenz „serva me, servabo te"? Kreuze an. (1 BE)

▨ Du bittest jemanden, dir zu helfen, aber er lässt dich im Stich; trotzdem unterstützt du ihn in Zukunft.

▨ Jemand hat dir in einer schwierigen Lage geholfen; daher unterstützt du ihn in einem ähnlichen Fall auch.

▨ Jemand bittet dich um Hilfe; du möchtest ihn gerne unterstützen, aber hast leider nicht die Möglichkeit dazu.

▨ BE

I.   Bereich: ▨ BE
II. Bereich: ▨ BE
III. Bereich: ▨ BE

Gesamt: ▨ BE

Lösungen zu FELIX NEU *Prüfungen 1*

(A)
Auf dem Forum ist heute nichts los
Aulus freut sich; denn endlich sind der Freund Decimus und die Freundin Cornelia da. „Komm her(bei), Freund! Komm her(bei), Freundin! Kommt her(bei)! Beeilt euch! In der Nähe ist das Forum Romanum."
Aber Decimus und Cornelia sitzen da° und schweigen lange. Was sehen sie, was suchen sie? Deshalb fragt Aulus: „Was gefällt euch nicht? Freut euch und lacht!"
In der Nähe ist das Forum Romanum. Dort ist auch die Kurie, aber die Senatoren sind noch nicht da.

(B)
1. Prope etiam basilicae sunt, sed mercatores nondum laborant. Nemo laborat. Prope etiam taberna est, sed porta non patet.
2. exspectant – rident – dominae – mercatores – sunt – filii
3. specta! – accedite! – gaudete!
4. templum – curia – basilica – (monumentum)
5. Via Sacra
6. porta – vocat – sedet

(a) Proteste gegen einen Senator
Markus eilt zum Marktplatz. Endlich kommen auch die Freunde herbei und grüßen den Freund Markus. Nun betrachten sie die Tempel, Statuen und° Markthallen.
Plötzlich ruft Markus: „Kommt her, Freunde, und betrachtet die Menschenmenge!" Die Leute machen (Das Volk macht) nicht mehr Platz. Die Senatoren suchen die Kurie auf. Die Tore stehen schon offen.
Die Freunde freuen sich; denn ganz° in der Nähe sehen sie die Senatoren. Der Senator Calvisius steht da° und lacht. Er schickt die Sklaven weg. Deshalb gehen die Sklaven weg. Warum schweigt der Senator jetzt? Die Leute lachen (Das Volk lacht) den Senator aus und schreien: „Geh weg, Senator!" Der Senator erträgt die Worte nicht mehr. Schließlich betritt er die Kurie.

(b) Wer hat den Dieb gesehen?

Die Händler arbeiten schon, die Senatoren suchen die Kurie auf. Dort steht ein Goldschmied und schreit: „Kommt herbei, Römer! Denn innen liegen Schmuckstücke. Tretet ein, schaut, kauft Gold und Silber!"
Endlich kommen die Herren und Damen herbei und der Goldschmied freut sich. Dann geht er in sein Geschäft hinein. (Dann betritt er sein Geschäft.) Plötzlich schweigt er. Warum schweigt er? Was sieht er? Er sieht die Schmuckstücke nicht mehr.
Sofort ruft der Goldschmied die Sklaven: „Helft, Sklaven und Sklavinnen! Wo sind die Schmuckstücke? Sucht den Dieb!" Das Geschrei beunruhigt die Herren und Damen, die Sklaven und Sklavinnen. Aber niemand sieht den Dieb.

(A)

„Meine Freundin verlässt mich!"

Sowohl Damen als auch Herren suchen das Forum auf. Während Händler ihre° Pferde festhalten, tragen Sklaven Getreide. Nun betrachten sie die Gerichtshallen und die Kurie. In der Nähe sind auch Denkmäler und Statuen.
Aber plötzlich machen die Sklaven Platz; denn ein Händler kommt herbei. Er bringt Geld, Silber und Gold. Schließlich legt er sogar Schmuckstücke ab und ruft: „Kommt herbei, Freunde. Freut euch, Freundinnen! Betrachtet die Schmuckstücke! Meine Freundin Fulvia schickt mich weg. Sie liebt mich nicht mehr. Sie lacht mich aus."

(B)

1. a) Nunc mercatores clamant: „Emite frumentum, domini!"
   b) Ibi dominae ornamenta spectant.
2. Sed etiam dominae et domini verba non iam sustinent et mercatorem rident.
3. Schließlich grüßen sie den Senator Manlius und schicken die Sklaven weg.
4. a) templa – b) pecuniam – c) dominos – d) mercatores – e) aurum –
   f) filias – g) equum – h) senatorem
5. a) eine Toga mit breitem Purpurstreifen – b) Schuhe aus rotem Leder –
   c) einen goldenen Fingerring.
6. a) curia – b) Amphitheater

Lösungen

(A)
Spurius – ein Dieb?
Markus und Claudia eilen mit ihren° Freunden zum Forum. Dort gehen die Händler schon ihren° Geschäften nach und rufen: „Kommt her(bei), Damen und Herren! Betrachtet die Schmuckstücke!"
Markus fragt: „Wo ist Spurius? Wer sieht den Sklaven?" Schaut! Plötzlich beunruhigt ein Geschrei die Menschenmenge. Tatsächlich eilt Spurius aus einem Laden zur Markthalle. Der Senator Marcus Licinius Calvisius ruft von fern: „Haltet den Sklaven von der Markthalle ab!" Sofort machen die Leute Platz und Licinius Calvisius ergreift den Sklaven Spurius bei der Markthalle.

(B)
1. a) Mercator senatorem in foro salutat: „Salve, domine! Eme aurum!"
   b) Dominus cum mercatore de pretio agit.
2. a) domini – b) mercatores – c) amicas – d) in templis – e) monumenta –
   f) cum senatoribus
3. a) Subjekt – b) Attribut – c) Prädikat
4. Kapitol, Palatin, Aventin

(A)
Beobachtungen rund ums Forum
Während Claudia und Markus die Händler, Sklaven und° Pferde betrachten, kommt plötzlich der Senator Cornelius Rufus herbei. Claudia und Markus grüßen den Senator und machen ihm° Platz, weil der Senator mit Freunden von der Gerichtshalle zur Kurie eilt.
Das Volk aber schreit und verletzt den Senator mit Worten. Deshalb zögert der Senator nicht, die Kurie zu betreten. In der Kurie schweigen die Senatoren und warten ein wenig. Denn sie müssen mit dem Senator Cornelius Rufus eine Beratung abhalten. Aber das Volk darf (soll) die Senatoren weder durch Worte noch durch Beleidigungen verletzen.

(B)
1. Hic equi frumentum ad forum portant, ibi servi saccos a foro domum portant. In foro mercatores negotia agunt. Si domini pretia e mercatoribus quaerunt, mercatores cum dominis de pretiis agunt.
2. a) flammis – b) iniuria – c) donis – d) auxilio –e) umeris – f) laboribus
3. tangunt – retinent – sollicitant – amant
4. voco – agis – monet – paremus – estis – petunt
5. a) esse – b) dubitare – c) componere – d) habere
6. Ac – Ba – Cb

Markus und Claudia sind spurlos verschwunden
Der Herr verlangt von dem Sklaven Xanthippus Hilfe: „Xanthippus, steige zum Forum hinab (herab), bitte! Kaufe Rotbarben und Wein! Markus und Claudia steigen mit dir zum Forum hinab. Sie tragen die Gefäße. Die Sklaven Flavus und Syrus müssen den Gästen Speisen bereiten. Wir erwarten Gäste; wir erfreuen die Gäste mit einer Mahlzeit."
Der Sklave Xanthippus steigt zum Forum hinab. Plötzlich zögert er und wartet ein wenig. Denn er sucht Markus und Claudia. Wo sind sie?
In der Nähe ist die Markthalle. Im Innern gehen Händler ihren° Geschäften nach. Sofort grüßt Xanthippus den Händler Titus: „Sei gegrüßt, Titus! Ich suche Markus und Claudia."
Titus sagt°: „Xanthippus, hör auf mich zu beunruhigen! Ich helfe dir nicht. Aber betrachte die Schmuckstücke! Gold! Silber!"
Xanthippus erträgt die Worte nicht, er hört die Worte nicht mehr.

(A)
Wo sind Markus und Claudia?
Titus eilt zum Lebensmittelmarkt. Dort verhandeln die Händler mit Herren über die Preise. Aber weder die Herren noch die Händler versprechen (dem) Xanthippus Hilfe.

Lösungen

Während Xanthippus zum Fischmarkt hinabsteigt (herabsteigt), begegnet er Freunden. Der Freund Veturius befreit Xanthippus endlich von seiner° Furcht. „Markus und Claudia sitzen am Tiber, spielen und° betrachten das Wasser. Sie ertragen die Sonne nicht mehr. Hörst du etwa nicht Stimmen?"
Xanthippus freut sich: „Markus, Claudia! Kommt! Sofort eilen wir nach Hause."

(B)
1. Domini mercatoribus pecuniam dant, mercatores dominis gratias agunt.
2. a) audiunt – b) audio – c) audi! – d) audis – e) audimus – f) auditis
3. a) vitio – b) hospitibus – c) comiti – d) soli – e) deis – f) deae
4. Nos vobis ignoscimus, vos nobis ignoscitis.
5. Ab – Bc – Cd – Da

Abwechslung auf dem Land
Quintus und Cynthia sind Freunde des Senators Titus. Titus besitzt ein schönes Landhaus in den Albanerbergen. Falls die Sonne brennt, falls das Geschrei der Menschenmenge Titus beunruhigt, falls Titus die Rufe der Händler nicht mehr erträgt, verlässt er mit den Kindern die Stadt und sucht das Landhaus auf.
Dort kann er sich über die Natur, über das Wasser der Quellen und° über den Schatten der Bäume freuen. Titus wünscht nicht viel (*Pl. n*), er ist oft zufrieden.
Im Landhaus kann Titus auch viele Gäste durch eine gute Mahlzeit erfreuen.
„Falls ihr gut essen wollt, könnt ihr mit mir gut essen; falls ihr in den Wäldern mit den Kindern spielen wollt, könnt ihr mit den Jungen und Mädchen in den Wäldern spielen."
Dort arbeiten auch Sklaven. Die Sklaven müssen viele Aufgaben auf sich nehmen und trotzdem kritisieren sie den Herrn nicht. Sie pflegen die Pferde und Rinder, bewirtschaften die riesigen Felder und° bringen das Getreide von den Feldern zum Landhaus.

(A)
Urlaubsgrüße zweier Mädchen
Wir sind auf dem schönen Landgut des Großvaters; wir sitzen mit einigen Freunden und mit den Kindern des Senators Titus an einer Quelle und spielen mit dem Wasser. Wir holen auch die Pferde und pflegen sie°.
Wir tragen große Gefäße und geben den Pferden Wasser. Die Ochsen freilich fürchten wir. Wir können die Ochsen nicht auf die Felder führen.
Wie ihr jetzt wisst, sind wir hier zufrieden ... und ihr? In der Subura müsst ihr nicht nur das Geschrei und den Lärm der Kaufleute ertragen, sondern ihr müsst auch die verschiedenen Geschäfte von Dieben und viele Gefahren fürchten.

(B)
1. Cur magnam urbem non relinquitis? Venite ad nos in montes pulchros, amici. Vos exspectamus.
2. dona senis / viri / liberorum
3. a) possunt / volunt / cupiunt – b) potes / vis / cupis
4. Ac – Ba – Ce – Df – Eb – Fd
5. a) Via Appia – b) Weisheit – c) Kapitol

(A)
Meine Kindheit auf dem Bauernhof
„Viele Jahre lang° führte ich ein zufriedenes Leben auf dem Landgut meines Vaters, eures Großvaters. Oft betrachtete ich die schönen Gebäude, die euer Großvater besaß. Damals arbeiteten auch viele Sklaven auf den riesigen Feldern. Sie fürchteten den Herrn, euren Großvater, der oft harte Arbeitsbedingungen anordnete.
Mit lauter Stimme rief er: ‚Sklaven, die meinen Worten und meinen Plänen (Beschlüssen) Widerstand leisten wollen und die immer wieder das Landgut verlassen wollen, will ich verkaufen.'"

Lösungen

(B)
1. a) quae – b) quibus - c) cuius
2. a) veniunt – b) possumus – c) vis – d) laudo – e) colitis – f) debemus
3. Munera servorum varia erant. Alii hospitibus cenas parabant, alii pecora curabant (colebant) et boves in agros ducebant.
4. b)
5. a) indicare – b) crimen – c) faber – d) procedere – e) fons

(A)
Eine Kleinstadt fürchtet den Angriff der Römer
Ein Bote kommt herbei und erzählt von der Gefahr: „Habt ihr etwa nicht von den Gefahren und dem großen Unglück gehört? Römische Soldaten führen in unserem schönen Land und unter unserem Himmel einen schändlichen Krieg, sie bedrohen unsere Heimat; sie haben schon viele Städte und viele Dörfer durch Brand vernichtet und zerstört. Die Römer haben schon einen geeigneten Ort außerhalb der Stadt aufgesucht. Jetzt warten sie ein wenig, sie erwarten die Dunkelheit; dann wollen sie vorrücken. Verlasst die Stadt, flüchtet vor (entflieht) der Gefahr (*Akk.*) und dem Unglück (*Akk.*)!"

(B)
1. a) petiverunt – b) senserunt – c) deleverunt – d) iusserunt – e) liberaverunt – f) rexerunt
2. a) comitem laetum, familiarem, tristem, miserum – b) crimen turpe, malum
3. Nonnnulli autem clamant: „Nuntios malos audivimus. Periculum cognovimus. Sed adhuc oppidum nostrum semper teximus et milites aliarum nationum prohibuimus. Vos omnes homines fortes estis. Itaque servate oppidum nostrum, resistite militibus Romanis, prohibete Romanos ab oppido nostro!"
4. Ac – Bb – Ca

Naturschönheit und Naturgewalt

Einer von meinen Freunden hat in° einem kurzen Brief (*Abl.*), dessen traurige Worte mich immer° noch bewegen und beunruhigen, von einem schlimmen Unglück berichtet. Ich werde seine Worte immer im Gedächtnis behalten: „Du weißt, Freund, dass ein düsteres Unglück uns in Schrecken versetzt (erschreckt) hat. Sicherlich hast du auch gehört, dass Asche und Steine die ganze Stadt bedeckt und zerstört haben. Es ist bekannt, dass eine große Zahl von Menschen diese Gefahr nicht richtig einschätzen konnte. Die einen behaupten, dass Männer, Frauen und° Kinder zur Küste gerannt sind, andere meinen, dass diese unter den Dächern verschiedener Gebäude und in den Tempeln Rettung gesucht haben. Gewiss haben diese alle geglaubt, dass sie die Gefahr besiegen können. Trotzdem haben sie ihr Leben nicht gerettet."

Die Hilfsbereitschaft eines Naturwissenschaftlers

Wir wissen, dass Asche und Steine einige schöne Städte bedeckt haben. Wir haben auch gehört, dass so viele vornehme Männer durch dieses große Unglück gestorben sind. (... bei diesem großen Unglück ums Leben gekommen sind.)
Plinius, ein gebildeter Mann, erblickte (*Perf.*) in seinem Landhaus diese schwarze Wolke über dem (Berg) Vesuv. Einer aus seiner (dessen) Familie erzählte (*Perf.*) in° einem großartigen Brief, dass Plinius diese neuartigen Zeichen der Natur, welche das ganze Land verändern, zuerst von einem günstigen Ort aus betrachten wollte (*Perf.*).
Dennoch hat dieser tapfere Mann nicht gezögert, sondern er befahl (*Perf.*) sofort einigen Sklaven, ein Schiff startklar zu machen (vorzubereiten) und (dieses) zu den Freunden zu lenken. Er wollte (*Perf.*) nämlich diese unglückliche Menschen aus der Gefahr retten. Es ist bekannt, dass Plinius der Gefahr (*Akk.*) nicht entkommen ist.

Lösungen

(A)
Ganz nahe am Geschehen

Ich schlief. Plötzlich hörte ich Geschrei und traurige Rufe. Ich eilte aus dem Schlafzimmer zum Atrium. Dort begegneten mir Sklavinnen, deren Angst ich spürte und sah. Diese baten mich: „Hilf uns, Herr! Rette uns aus der Gefahr! Der (Berg) Vesuv bedroht uns."
Mit lauter Stimme ermahnte (*Perf.*) ich die Sklavinnen, die Hilfe suchten: „Verlasst das Landhaus, Sklavinnen!"
Dann eilte (*Perf.*) ich mit den Sklavinnen zum Tor des Landhauses. Aber überall lagen große und kleine Steine. Schließlich aber kamen (*Perf.*) wir doch° zum Tor des Landhauses. Während ich sie durch die Gassen und Wege führte, rannten (*Perf.*) viele Menschen zusammen° mit uns zu den Toren der Stadt.

(B)
1. 312 v.Chr. Bau der Via Appia / 55 v.Chr. Bau des ersten steinernen Theaters in Rom im Auftrag von Pompeius / 79 n.Chr. Vesuvausbruch / 80 n.Chr. Einweihung des Kolosseums in Rom unter Kaiser Titus
2. a) eo initio tristi – b) vestris verbis tristibus
3. *konjugierte Formen:* iuvi – decedam - texi – tetigi
   deklinierte Formen: iuveni - arma – caedem - tecti
4. a) Reduplikationsperfekt: discere (didicisse) – currere (cucurrisse)
   b) v-Perfekt: flere (flevisse) – mutare (mutavisse)
   c) u-Perfekt: monere (monuisse) – timere (timuisse)
   d) s-Perfekt: manere (mansisse) – dicere (dixisse)
   e) Dehnungsperfekt: facere (fecisse) – iuvare (iuvisse)
5. Amici dicunt sibi per thermas cucurrisse. / Amici dicunt eam per thermas cucurrisse. / Amici dicunt eum per thermas cucurrisse.
6. a) Sonnenuntergang (lat. occidere *untergehen*) – b) tausend (lat. mille)

15

(A)
Eine Naturkatastrophe und ihre Folgen
Heute wissen wir, dass der Vesuv und andere ähnliche Berge die Menschen mit großen Gefahren immer wieder bedrohen. Weil damals die Menschen diese Gefahren nicht kannten, erbauten sie in diesen Gegenden viele Städte. Plötzlich aber bedeckte ein großes Unglück die schönen Landhäuser mit Asche und Steinen und vernichtete die armen Menschen. Warum aber war Plinius in großer Gefahr?
Zunächst bemühte er sich die dunkle Wolke von einem günstigen Ort aus zu betrachten; hierauf ließ er ein Schiff vorbereiten (startklar machen), weil Freunde Hilfe verlangten (erbaten).

(B)
1. Nonnulli dicunt Plinium virum fortem et laetum fuisse. Sed omnes sciunt calamitatem non solum oppida pulchra exstinxisse, sed etiam eum virum nobilem necavisse.

[Variante zu Aufgabe 1]
1. a)
   a) habuimus (u-Perf.) – b) audiverunt (v-Perf.) – c) sensisti (s-Perf.) – d) iussi (s-Perf.) – e) tetigimus (Reduplikationsperf.) – f) reppererunt (Reduplikationsperf.)
1. b)
   a) Pomponianus dixit Plinium in litore de vita decessisse.
   b) Constat nonnullos homines litus petivisse.
2. a) verbis turpibus – b) omnia vina – c) oppidorum nobilium – d) ad oppida nobilia – e) cum viro tristi
3. a) mit Naturkunde (naturwissenschaftlichen Fragen) – b) 79 n.Chr. – c) Pompeji, Herkulaneum, (Stabiä)
4. a) ignorare – b) vocare / vox – c) familiaris – d) tristis – e) labor / laborare – f) condicio

(A)
Die neue Hauptstadt der Welt

Während die Trojaner schliefen, kamen die Griechen von der Küste zur Stadt Troja (herbei).
Obwohl die Griechen keinen Lärm machten, hörten die trojanischen Soldaten dennoch ungewöhnliche Rufe. Diese meldeten sofort dem Äneas, dem Sohn des Anchises, dass einige Griechen aus dem Pferd herabgestiegen sind und den Verbündeten die Tore der Stadt geöffnet haben.
Weil die Gefahr groß war, rannte Äneas mit seiner Familie und einigen Begleitern aus der Stadt, welche die Griechen durch Brand zu zerstören versuchten.
Nachdem Äneas dem Schatten(bild) seines Vaters begegnet war, hörte er dessen Worte: „Ich werde dir die Zukunft deiner Familie zeigen. Die Nachkommen werden den Ruhm deines Namens vergrößern und die Stadt Rom gründen. Diese Stadt wird die Hauptstadt der Welt sein."

(B)
1.

Perfekt	Präsens	Futur
rapuit	rapit	rapiet
diviserunt	dividunt	divident
mansisti	manes	manebis
aperuisti	aperis	aperies
aedificaverunt	aedificant	aedificabunt
existimavimus	existimamus	existimabimus
tetigit	tangit	tanget

2. Romani multis populis (nationibus) imperabunt et eos (eas) gloria vincent (superabunt).
3. a) urbium – b) rex oder regem – c) uxoribus – d) capita – e) equo – f) montis – g) virgo oder virginem
4. a) pax – b) gloria – c) ars – d) colligere

17.

(A)
Das Ende der Königsherrschaft
Ihr habt gehört, dass die Römer zunächst Könige hatten. Viele Jahre lang leiteten (regierten) tüchtige (anständige) Könige ohne Unrecht die schöne Stadt. Diese (Sie) hielten mit starken Soldaten Gefahren von den Grenzen Roms ab. Dann aber erregten die Könige immer wieder durch ihre° überhebliche Herrschaft den Zorn der Menschen.
Vor allem das arme (einfache) Volk wollte die Verbrechen des Tarquinius Superbus nicht mehr auf sich nehmen.
Da bemühte sich Brutus, ein energischer Mann, mit harten Worten die jungen Männer zu bewegen (beeindrucken): „Befreit die Heimat! Wir werden die Herrschaft des Königs brechen. Ihr werdet in Frieden leben."
Sofort fesselten die Römer den Tarquinius; später vertrieben (schickten) sie ihn (weg).

(B)
1. Präs. ostendis – Impf. poterant – Fut. I contendes – Perf. movi – Plusqpf. aluerat – Fut. II divisero
2. a) verba acria, felicia, pauca – b) animal celere, vehemens, pulchrum
3. z.B.: pater (Vater), mater (Mutter), uxor (Ehefrau), maritus (Ehemann), avus (Großvater), filius (Sohn), filia (Tochter), frater (Bruder), soror (Schwester), nepos (Enkel), servus (Sklave), serva (Sklavin)
4. Ae – Bd – Cb – Da – Ec
5. a) Sie werden die Beute teilen. – b) Er führte ein zufriedenes Leben. – c) Er hat die Stadt gegründet. – d) obwohl er die List aufgedeckt hat – e) Er hat ein Schiff gefunden. – f) Er fühlte die Angst.

18.

(A)
Romulus und Remus, außergewöhnliche Zwillinge
Ihr wisst, dass der wütende und rücksichtslose Amulius Rea Silvia ins Gefängnis geworfen (geschickt) hat. Der mächtige König fürchtete nämlich durch die Nachkommen das Ende seiner Herrschaft. Zunächst fand eine

Lösungen

Wölfin die Söhne der Rea Silvia durch Zufall (zufällig), hierauf zog der Hirte Faustulus, der mit seiner Frau ein zufriedenes Leben führte, die Brüder groß. Bald übertrafen Romulus und Remus die übrigen Hirten an Tapferkeit. Weil sie jeder Gefahr ohne Angst begegneten, gehorchten die Hirten den starken jungen Männern gerne.

Der energische Romulus versprach ihnen: „Mit großer Kraft werden wir die Schar der Feinde von unserem Land abhalten. Wir werden unsere Güter mit Waffen verteidigen. Wir werden Diebe und Verbrecher vertreiben oder festnehmen und fesseln."

Ihr habt gehört, dass Romulus schließlich die Stadt Rom gegründet hat, die später viele Jahre lang die Welt regierte.

(B)
1. a) Postquam thermas intravi, cum amicis lusi.
   b) Dum in thermis ludimus, senatores thermas intraverunt.
   c) Si paulum luserimus, thermas relinquemus.
2. a) virium – b) turres – c) vi – d) mare – e) moenia urbis
3. a) sensūs – a) usūs – a) carminis – a) capitis – a) animalis – a) cursūs
4. a) Augur – b) Äneas – c) Ilias – Odyssee – d) Vergil – e) Parnass

Ein Mädchen beeindruckt den König

(a)
Titus Livius lobt nicht nur die Tapferkeit der jungen Männer, sondern auch die° der jungen Mädchen. Im ersten Teil seiner Geschichtsschreibung erzählt er, dass der überhebliche und grausame König Tarquinius den Angriffen der römischen Bevölkerung (des römischen Volkes) entkommen wollte.

Auch Porsenna, der König der Etrusker, strengte sich an (_Perf._) Tarquinius zu helfen. Deshalb zögerte (_Perf._) er nicht, seine Streitkräfte an die Mauern der Stadt Rom zu führen und die Stadt mit seinen° Soldaten zu bedrohen.

(b)
Die Römer aber versuchten, die Feinde von der Stadt fernzuhalten. Immer wieder vergrößerten die tapferen jungen Männer den Ruhm der Stadt Rom

Henry

durch ihre Tapferkeit. Schließlich sah Porsenna ein (*Perf.*), dass er die Stadt nicht besiegen könne. Deshalb schickte (*Perf.*) er Boten nach Rom. Diese kamen an die Stadtmauern heran (*Perf.*) und sagten (*Perf.*):
„Die Etrusker werden euch Frieden geben, wenn ihr Geiseln geben werdet (*Fut. II*). Wenn ihr nicht eine große Anzahl von° adeligen Mädchen (*Gen.*) schicken werdet (*Fut. II*), werden unsere Soldaten euch durch Hunger besiegen. Ihr werdet die Lasten des Krieges nicht lange ertragen. Denn wir werden die Stadtmauern überwinden (besiegen) und die Stadt zerstören."

(c)
Die Römer zögerten (*Perf.*) nicht lange: Sie schickten (*Perf.*) viele adelige Mädchen zu den Streitkräften der Feinde. Unter diesen war Cloelia. Dieses Mädchen übertraf die übrigen Mädchen° an Tapferkeit und durch ihren° adeligen Mut. Cloelia merkte (verstand, *Perf.*) sofort, dass die Etrusker sie und die anderen Mädchen am (Fluss) Tiber festhalten.
Deshalb führte (*Perf.*) sie einige Mädchen und Freundinnen mitten in der Nacht an den Tiber. Weil die Wächter der Etrusker, ihren Plan bald bemerkten, versuchte Cloelia sofort mit einigen Mädchen den Tiber zu durchschwimmen.

(d)
Obwohl die Feinde diese Mädchen mit verschiedenen Waffen und Geschossen zu hindern versuchten, kamen (*Perf.*) alle an die Mauern der Stadt heran°. Es steht fest, dass die Römer froh waren. Diese Sache erregte (*Perf.*) den Verstand (die Gesinnung) des Porsenna. Sofort schickte (*Perf.*) er Boten zur Stadt, die den Römern befahlen (*Perf.*), Cloelia auszuliefern.
Und tatsächlich lieferten (*Perf.*) die Römer das tüchtige (und) adelige Mädchen dem Porsenna aus, obwohl sie es mit großen Worten gelobt hatten. Der König aber, den die Tapferkeit sowohl der Cloelia als auch des römischen Volkes beeindruckten (bewegten, *Perf.*), beschenkte (*Perf.*) dieses Mädchen mit Schmuck und ließ es wieder° frei (*Perf.*).

Lösungen

(A)
„Frauensache"
Obwohl Theseus, ein tapferer junger Mann, von der Grausamkeit des Minotaurus sehr erschreckt wurde, verlor er nicht den Mut.
Ariadne nämlich ermutigte ihn:
„Du wirst von diesem Ungeheuer nicht getötet werden, sondern du wirst von den Athenern gelobt werden."
Wir wissen, dass Theseus tatsächlich nicht im Labyrinth eingeschlossen worden ist, sondern dass er das Labyrinth mit Hilfe Ariadnes verlassen hat.
Sicherlich wisst ihr auch, dass Juno, die Ehefrau des höchsten Gottes, oft Tränen vergossen hat.
Denn von Jupiter wurden immer wieder andere Frauen geliebt.
Deshalb fragte die Göttin den Ehemann traurig (*wörtlich:* mit trauriger Gesinnung): „Warum werde ich immer von dir verletzt? Warum werden meine Bitten von dir nicht beachtet?"

(B)
1. a) clausus, a es – b) relinquemini – c) docentur – d) conservamur – e) circumdari
2. a) Omnia animalia carmina Orphei audientia ad eum accesserunt.
   b) Saepe Iuppiter puellas pulchras deo resistentes rapiebat.
   c) Midas vinum in aurum mutatum bibere non potuit.
3. a) Wir wissen, dass die Menschen von den Liedern des Orpheus erfreut worden sind.
   b) Homer erzählte, dass Odysseus die Griechen vor Polyphem rettete.
4. a) desperat: verzweifelt, von *lat.* desperare: verzweifeln
   b) Klausur: Abgeschlossenheit, von *lat.* claudere: einschließen
   c) Respekt: Achtung, Rücksicht, von *lat.* respicere: berücksichtigen
5. a) Pluto: König der Unterwelt – b) Daedalus: sagenhafter griechischer Baumeister, Erbauer des Labyrinths auf Kreta – c) Minotaurus: Menschen fressendes Ungeheuer – halb Mensch, halb Tier – auf Kreta

(A)
Apollo und Daphne
Nachdem Phoebus das Mädchen erblickt hat, wird er sofort von gewaltiger Liebe ergriffen.
Der Gott beeilt sich sie gewaltsam an sich zu reißen, aber er hofft vergeblich.
Denn Daphne hat den Mann kaum herbeikommen sehen, als sie (plötzlich) in den Wald läuft.
Weder blickt sie zurück noch hört sie Phoebus zu, obwohl er mit lauter Stimme schreit.
Phoebus: „Bleib bitte stehen, Mädchen! Du weißt nicht, dass ich kein Sterblicher, sondern ein Gott bin.
Wenn du mich heiratest, wird dir von mir ein süßes Leben gegeben werden.
Wenn du mir entfliehst, werde ich von den Schmerzen getötet werden."
Daphne hebt die Hände zum Himmel und bittet: „Vater, es ist notwendig, dass du mich rettest."
Und plötzlich wird das Mädchen in einen Baum verwandelt.

(B)
1. a) respexerant – b) decepisti – c) laesi, ae sumus – d) motum erit
2. a) Polyphemus ab Ulixe deceptus erat. – b) Ariadna: „Dolo meo conservaberis." – c) Ab hominibus natura superari potest. – d) Vos omnes scitis Europam a Iove raptam esse.
3. a) Icarus Daedalo filium multis verbis monenti non paruit.
   b) Filius patrem magna voce clamantem non audivit.
   c) Puer vehementi laetitia captus ad caelum volavit.
4. Der Titel verweist auf die Sage von Dädalus und Ikarus. Dädalus baut Flügel, um zusammen mit seinem Sohn von Kreta zu fliehen. Ikarus fliegt zu hoch, die Sonne lässt das Wachs, das die Flügel zusammenhält, schmelzen und der Junge stürzt ins Meer. – Ein gemeinsamer Hintergrund besteht in der oft überheblichen und gefährlichen Meinung der Menschen, mit Hilfe der Technik die Natur besiegen zu können. Auf Grund dieses Hochmuts werden häufig die Gefahren mancher Experimente zu gering geschätzt.
5. Ulixes (= Odysseus) blendet Polyphem. – Orpheus versucht seine Frau Eurydike aus der Unterwelt zu retten. – Äneas trägt seinen Vater Anchises aus dem brennenden Troja.

Lösungen

(A)
Theseus und Ariadne
Theseus wollte mit Ariadne, durch deren Hilfe er gerettet worden war, nach Hause segeln.
Sie ruhten (sich) auf einer kleinen Insel aus, als Theseus plötzlich durch einen Traum in Verwirrung gebracht wurde.
Denn Bacchus erschien ihm und sagte, dass er vorhabe, Ariadne zu heiraten.
Deshalb befahl er dem jungen Mann das Mädchen zu verlassen.
Nachdem Ariadne wahrgenommen hatte, dass der Freund abwesend war, eilte sie sehr erschrocken zum Strand.
Sobald sie dessen Schiff auf den Wellen erblickt hatte, rief sie Tränen vergießend laut: „O ich Unglückliche!
Ich werde von dir verlassen, die ich den Vater getäuscht habe, weil ich von Liebe ergriffen war, und dir den Ausgang des Labyrinths gezeigt habe!
Warum verletzt du mich? Blicke zurück, treuloser Freund!"
Diese Worte aber wurden von Theseus nicht gehört. Er wendete das Schiff nicht.
Bald aber kam Bacchus und ermutigte das Mädchen.

1. Kompetenztest

(I.)
1. Enttäuschender Ausflug nach Pompeji
2. a) Sie wollen die Stadt besichtigen. – b) Es ist heiß. – c) Sie können viele Läden und Gebäude nicht betreten. – d) Sie denken, dass heute nicht ihr Glückstag ist.
3. a) richtig – b) nicht im Text – c) falsch – d) falsch
4. tabernas – monumenta – aedificia – tecta
5. z.B.: quos Akkusativ Plural Maskulinum
6. z.B.

i-Konjugation	e-Konjugation	kons. Konjugation
venire	prohibere	petere

7. Sicherlich weißt du, dass ein tapferer Mann viele Arbeiten vollbracht hat.
8. Ich kann mich nicht an alle Arbeiten erinnern.
9. copia hominum: Menschenmenge – aestus solis: Sonnenhitze

(II.)
10. mandat – iubet – imperat
11. vulnere: Ablativ – volvere: Infinitiv – volabat: Imperfekt – venerat: Plusquamperfekt
12. a) timor – b) rex – c) sensus
13. Scimus multos homines temporibus antiquis Pompeios petivisse.
14. serpens – appetere

(III.)
15. A3 – B6 – C2 – D4
16. a) Griechenland – b) Türkei – c) Italien – d) Griechenland
17. Schlange – Löwe
18. A5 – B2 – C6 – D3

Auswertung

45 – 40 BE	= Note 1	
39,5 – 35 BE	= Note 2	
34,5 – 30 BE	= Note 3	
29,5 – 25 BE	= Note 4	
24,5 – 20 BE	= Note 5	
19,5 – 00 BE	= Note 6	

Lösungen

2. Kompetenztest

(I.)

1. a) Er werde jeden Fremden packen und zu Boden werfen. – b) an Kopf und Schulter – c) Sie macht Antäus unbesiegbar.
2. Herkules überlegt, was er über den Fremden alles weiß. – Herkules wendet eine List an.
3. a) richtig – b) nicht im Text – c) falsch – d) richtig
4. b) Herculem multas difficiles perfecisse.
5. Hercules etiam in periculis ingentibus fortis fuit.
6. z.B. ingens – crudelis – superbus – acerbus
7. a) postquam: Subjunktion (auch Konjunktion) – b) statim: Adverb – c) a: Präposition
8. i-Konjug.: z.B. audire – a-Konjug.: z.B. superare – e-Konjug.: z.B. debere – konsonantische Konjug.: z.B. vincere
9. a) Körperkraft – b) z.B. Riese

(II.)

10. a) egi – b) dedi – c) risi – d) lusi
11. a) velle – b) dividere
12. a) eum puerum – b) ei urbi
13. invenimus – defendimus – contendit – occidit
14. munere: Neutrum – manere: Infinitiv – vultui: Dativ – volui: Perfekt
15. a) zurückschicken – b) zusammenführen
16. numquam quiescit
17. a) frangere – b) manus

(III.)

18. Kurie – Vestatempel
19. a) Zeus: Iuppiter – b) Hera: Iuno – c) Athene: Minerva – d) Poseidon: Neptunus
20. Person: Anchises – Ort: Troja
21. Apollo wurde auch als Gott der Künste betrachtet und oft mit seiner Leier und als Anführer der Musen beim Gesang auf dem Berg Parnass oder im Kreis der Götter dargestellt.
22. A7, B6, C4

Auswertung siehe Seite 18 oder 20

3. Kompetenztest

(I.)
1. a) Sie haben sich Schiffe angeschaut.
   b) Diebe haben es auf das Geld und auf Publius abgesehen.
   c) Die Diebe rennen weg, ohne Beute gemacht zu haben.
2. a) Heimweg in der Dämmerung – e) Misslungene Kindesentführung –
   f) Dank für treues Verhalten
3. a) Die Kinder eilten mit dem Sklaven nach Rom.
   b) Die Diebe versuchen den Knaben mit Gewalt zu verschleppen.
4. a) helfen – b) verletzen, *auch:* verwunden – c) danken
5. a) in litore – b) ad urbem – c) domum – d) ibi
6. a) sensit – b) cognoverunt
7. a) Subjunktion (*auch:* Konjunktion) – b) Präposition – c) Adjektiv

(II.)
8. a) maria – b) vulneris – c) auxilio
9. a) adsum – b) do
10. a) qui – b) cui
11. a) currere – b) vincere
12. a) Ablativ – b) Infinitiv – c) Imperativ – d) Neutrum
13. b)
14. a) Fut. I – b) Präs. – c) Plusqpf.

(III.)
15. a) Kolosseum: 4 – b) Circus Maximus: 1
16. A4 – B3
17. a) Herkules: Keine Aufgabe war ihm zu schwer
    b) Die Gründung Roms: Zwölf Geier für Romulus
18. a) intellegere – b) defendere – c) finis
19. Jemand hat dir in einer schwierigen Lage geholfen; daher unterstützt du ihn in einem ähnlichen Fall auch.

Auswertung

45 – 40 BE	= Note 1	29,5 – 25 BE	= Note 4
39,5 – 35 BE	= Note 2	24,5 – 20 BE	= Note 5
34,5 – 30 BE	= Note 3	19,5 – 00 BE	= Note 6